플랫폼 한류

일러두기

- 한글 전용을 원칙으로 하되, 필요한 경우 원어나 한자를 병기하였다.
- 한글 맞춤법은 '한글 맞춤법' 및 '표준어 규정'(1988), '표준어 모음'(1990)을 적용하였다.
- 외국의 인명, 지명 등은 국립국어원의 외래어 표기법을 따랐으며, 관례로 굳어진 경우는 예외를 두었다.
- 사용된 기호는 다음과 같다.

  신문 및 잡지 등 정기 간행물, 영화, TV 프로그램 제목 등: 〈 〉

  책(단행본): 《 》

플랫폼 한류

컬처룩 미디어 총서 039

로컬 플랫폼의 글로벌화

이성민
김규찬
이소은
이상규
강신규
강혜원

culture Look

컬처룩 미디어 총서 039
플랫폼 한류
로컬 플랫폼의 글로벌화

지은이 이성민 김규찬 이소은 이상규 강신규 강혜원
펴낸이 이리라

책임편집 이여진
편집 하이픈
표지 디자인 엄혜리

2025년 8월 20일 1판 1쇄 펴냄

펴낸곳 컬처룩
등록 번호 제2011-000149
주소 03993 서울시 마포구 동교로 27길 12 씨티빌딩 302호
전화 02.322.7019 | 팩스 070.8257.7019 | culturelook@daum.net
www.culturelook.net

ISBN 979-11-92090-64-1 94300
ISBN 979-11-85521-06-0 (세트)

culturelook

차례

한류의 눈으로 바라본 로컬 플랫폼의 글로벌화라는 현상

한국의 콘텐츠 '플랫폼'들이 국경을 넘어 사업 영역을 확장하는 사례를 '한류'라는 관점으로 바라볼 수 있을까? 그동안의 '한류' 논의에서 주목해 온 현상은 대부분 콘텐츠의 국경을 넘는 흐름에 대한 것이었다. 방탄소년단(BTS)의 빌보드 차트 석권이나 〈오징어 게임〉의 에미상 수상 등의 사례를 논의할 때 흔히 발견할 수 있는 구도는 한국 콘텐츠와 글로벌 플랫폼의 만남이었다. 그렇다면 한국에서 시작된 '웹툰'과 같은 플랫폼이 글로벌로 직접 진출하게 되면 어떤 일이 벌어질까? 프랑스 독자가 네이버웹툰을 즐기고, 전 세계 Z세대가 메타버스 공간 제페토에서 K팝 아티스트 팬미팅에 능동적으로 참여하는 장면들을 생각해 보자. 한국에서 시작된, 문화를 매개하고 유통하는 시스템인 플랫폼 자체가 지구촌 곳곳으로 확장되는 일을 어떻게 바라보아야 할까? 이 책은 이러한 질문에서 출발한다.

이 책에서 제안하는 '플랫폼 한류'라는 개념은, 콘텐츠의 국제적 유통을 넘어선 플랫폼 자체의 글로벌화가 문화산업 전반의 구조와 역학 관계, 나아가 문화적 가치 형성에 어떤 변화를 가져오는지를 탐구하기 위한 전략적 도구다. 제목에 '한류'라는 용어를 사용한 것은 단순히 K플랫폼의 산업적 성과에 주목하는 것이 아닌, 지난 20여 년간 축적된 한류 현상에 대한 비판적이고 성찰적인 학문적 시각, 즉 '한류의 눈'을 통해 플랫폼의 글로벌화라는 현상을 분석적으로 검토하고자 하는 의도를 담은 것이다.

'한류의 눈'이란 대한민국 대중문화의 전 세계적 확산 이면에 내재된 글로벌 문화 변동의 복합적 동학을 이해하려는 분석적 관점을 의미한다. 이는 문화 상품의 단순한 산업적 수출 차원을 넘어, 전 지구적 대중문화 지형의 구조적 변화 특성, 문화적 혼종성의 양상, 그리고 로컬리티와 글로벌리티 간의 상호 작용을 파악하려는 접근법이라 할 수 있다.

이러한 관점에서 한국 콘텐츠의 해외 진출과 더불어, 한국 플랫폼의 해외 진출이 지니는 중요성과 그 파급 효과를 면밀히 검토할 필요성이 더욱 강조된다. 특히 플랫폼은 단순한 기술적 도구를 넘어, 특정 문화의 가치, 규범, 그리고 상호작용 방식을 체화하고 전파하는 매개체로 기능하기에, 그 글로벌 확산은 더욱 복합적인 문화정치적 함의를 지닌다.

이 책은 총 6개의 장으로 이루어져 있으며 각 장은 '플랫폼 한류'라는 핵심 개념을 다양한 측면에서 조명한다. 먼저 1장에서는 플랫폼 한류라는 개념을 본격적으로 제시하며, 이러한 한류가 문화적 '결과물(콘텐츠)'의 차원을 넘어 문화를 생산하고 유통하는 '과정(플랫폼)'의 차원으로 진화하고 있음을 강조한다. 또한 '한국 없는 한류,' '보이지 않는 한류'와 같은 탈경계적 현상에 주목하며, 이들이 드러내는 콘텐츠의 국적성이나 문화적 원산지 표시에 기반한 전통적인 한류 담론의 한계에 주목하고, 플랫폼이라는 매개체를 통해 문화적 영향력이 발휘되는 새로운 방식에 주목할 필요성을 강조한다.

이러한 맥락에서 플랫폼 한류를 "한국의 시공간적 문화 요소를 토대로 (대중문화) 콘텐츠를 기획, 제작, 유통, 소비하는 체계로서 그 과정과 결과물이 해외에서 수용되고 인기를 얻는 사회문화 현상"으로 정의하고, 플랫폼이 단순한 유통 채널을 넘어, 문화 생산의 논리와 가치 체계를 포함하는 하나의 '생태계'로서 기능하며, 이것이 국제적으로 수용될 때 발생하는 복합적인 문화 현상에 주목해야 함을 강조한다.

2장에서는 한국의 대표적인 플랫폼인 네이버를 사례로, 로컬 플랫폼이 글로벌 시장으로 진출하는 과정에서 나타나는 변화의 양상을 포착한다. 네이버의 해외 사업 확장이 국내 시장에서의 '메가플랫폼' 모델을 단순히 해외에 이식하는 것이 아니라, "현지에 최적화된 다양한 플랫폼'들'의 사례를 만들고 있다"라는 점에 주목한다. 이를 통해 기존의 북미 중심 '플랫폼화Platformization' 담론에서 주로 비판적으로 논의되어 온 패권적 확장과는 다른, 새로운 시장, 거버넌스, 그리고 인프라를 '생성'하는 모델의 가능성을 검토한다.

3장에서는 한국이 그 기원과 발전에 있어 주도적 위치를 점하는 웹툰 플랫폼의 글로벌화 과정을 면밀히 추적한다. 웹툰 플랫폼의 해외 진출은 한국의 창작·유통·소비의 방식, 즉 '창작자 중심 생태계 모델' 자체를 국제적으로 확산시키는 현상이란 점에서, 한국 플랫폼의 글로벌화가 전 세계 현지 창작자들에게 새로운 기회의 장을 제공함으로써 문화다양성 증진에 기여할 수 있는 잠재력을 내포한다는 점에 주목한다.

4장에서는 위버스, 버블과 같은 K팝 팬 플랫폼을 주요 분석 대상으로 삼는다. 이들 플랫폼은 아이돌과 팬 간의 소통 방식을 상품화하고 이를 글로벌 시장으로 확장하는 과정에서 나타난 변화에 주목한다. 과거 분산되어 있던 팬 활동이 플랫폼이라는 단일화된 공간으로 집중되고, 아티스트와의 직접적이고 즉각적인 소통(혹은 그러한 감각)이 유료 서비스로 제공되면서 새로운 형태의 팬덤 경제가 형성되는 것이다. 이러한 현상을 팬 활동의 '체계' 자체가 글로벌화되는 '플랫폼 한류'의 중요한 한 단면으로 해석하면서도, 이 과정에서 나타나는 이면의 문제들에 대해서도 비판적으로 검토한다.

5장에서는 3D 아바타 기반의 메타버스 플랫폼인 제페토를 통해 '스토리 경험'의 확장을 논한다. 제페토는 K팝 IP 등을 활용하여 서사적 경험을 제공하는 동시에, 이용자가 직접 월드(가상 공간)나 아이템을 창작하는 크리에이터 플랫폼으로서의 성격을 복합적으로 지니고 있다. 특히 제페토가 3D 아바타를 매개로 '탈인종적 소통 환경'을 제공하며, 전 세계의 로컬 크리에이터들이 각자의 문화적 배경을 바탕으로 콘텐츠를 생산함으로써 재현의 다양성을 확보할 가능성을 제시한다는 점에 주목한다. 이는 한국에서 출발한 서비스가 글로벌 이용자들과의 상호 작용을 통해 진화하며 새로운 형태의 플랫폼 한류를 구축해가는 과정을 잘 보여 준다.

마지막으로 6장에서는 앞선 장들의 논의를 종합하고, 로컬 플랫폼의 글로벌화가 지니는 문화적 가치를 '플랫폼의 분화'와 '문화다양성'이라는 핵심어를 중심으로 재평가한다. 플랫폼은 단일한 형태로 확산되기보다는, 각기 다른 양식들을 중심으로 분화하며 특정 시장 내 틈새를 공략하고, 그 과정에서 현지 생태계와 상호 작용하며 독자적인 운영 질서를 구축해 나간다. 이러한 플랫폼의 분화는 기존의 거대 글로벌 플랫폼이 포괄하지 못했던 영역에서 새로운 가치를 창출하며, 시장의 다양성을 증진시키는 효과를 가져올 수 있다. 한국 플랫폼의 글로벌화는 바로 이러한 과정 속에서 기존 글로벌 문화산업 질서에 일정한 변화를 가하고, 새로운 창작의 기회와 문화적 다양성을 확장할 수 있는 중요한 잠재력을 지니고 있음을 강조하고 있다. 이 책은 한국의 학계에서 미디어와 콘텐츠 분야의 문화와 산업, 정책을 연구해 온 연구자 6인이 함께 썼다. 6개의 장을 각 연구자가 나누어 집필한 후, 전체 내용을 함께 확인하고 조정하는 과정을 거쳤다. 2023년과 2024년 학술 행사에서 여러 선생님이 나누어 주신 의견들을 통해 책의 내용을 발전시키고 보완해 나갈 수 있었다. 연구 진행 과정에서 임윤주 님의 세심한 지원은 저자들에게 큰 힘이 되었다. 무엇보다 '플랫폼 한류'란 개념의 아이디어를 제시하며 프로젝트를 가능하게 했던 고문정 박사의 도움이 없었다면 이 책이 나올 수 없었을 것이다. 이 자리를 빌어 감사의 말씀을 전한다. 또한 바쁜 일정 속에서도 이 책이 나올 수 있도록 꼼꼼한 검토와 편집을 해준 이여진 편집장에게도 감사를 드린다.

이 책은 급변하는 미디어 환경 속에서 우리가 목도하고 있는 로컬 플랫폼의 글로벌화라는 현상을 '플랫폼 한류'라는 개념을 경유하여 검토하려는 시도다. 이 책에서 '플랫폼 한류'라는 개념을 제시한 것은 단순히 한국 플랫폼 기업들의 산업적 성공 사례를 기록하기 위해서가 아니다. 플랫폼 서비스의 해외 진출 필요성에 대해서는 많은 이가 이야기하지만, 정작 한국의 플랫폼이 실제 글로벌 시장에 진출했을 때 어떤 일이 벌어질 것인지, 그것이 갖는 문화적 의미는 무엇인지에 대한 논의는 상대적으로 부족한 것이 현실이다. 이런 점에서이 책은 로컬 플랫폼의 혁신이 어떻게 글로벌 문화 흐름과 복잡하게 상호 작용하며 새로운 문화 생태계, 노동의 양상, 그리고 이용자 경험을 창출하는지에 주목했다. '한류의 눈'으로 이 현상을 고찰한다는 것은, 혁신을 조명하는 동시에 그 이면에 존재할 수 있는 잠재적 문제들을 비판적으로 성찰하려는 시도이기도 하다.

K플랫폼의 글로벌 전개가 문화산업, 창작자, 이용자, 나아가 전 세계 디지털 문화의 본질적 면모에 어떤 혁신을 불러오는지, 그리고 미래에는 어떤 방향성을 지닐 수 있을지 아직 논의해야 할 주제들이 많이 남아 있다. 이 책의 논의들이 플랫폼 시대의 문화 변동을 이해하는 데 다양한 담론을 촉발할 수 있기를 바란다.

1장

플랫폼 한류란 무엇인가

1. 한류의 진화, 그리고 플랫폼 한류

표준국어대사전에서는 '한류'를 "우리나라 대중문화 요소가 해외에서 유행하는 현상"으로 정의한다. 사전적 정의답게 복잡한 사회 현상을 비교적 간명한 언어 조합으로 표현하였지만, 한류가 '문화적 현상'이라는 점을 분명히 하였다. 하지만 현실을 유심히 살펴보면 한류는 문화 요소가 담긴 결과 또는 결과물(콘텐츠)의 차원을 넘어 문화 요소를 생산하고 유통하는 체계, 즉 과정(플랫폼)의 차원으로 진화하고 있음을 알 수 있다.

이른바 '연수돌'로 불리는 인도네시아 걸그룹 스타비 StarBe는 겉으로 그 어떤 한국적 요소가 없음에도 음악이나 춤, 표정에서 한국 걸그룹의 느낌이 물씬 풍긴다. 프랑스 사람들이 네이버웹툰을 통해 자국 만화와 웹툰을 소비한다. 제페토에서는 전 세계 사람들이 모여 이야기를 나누고 게임을 즐긴다. 대중음악 같은 고전적 장르부터 웹툰, 메타버스에 이르는 새로운 유형 장르에 이르기까지, 한국이라는 지리적·문화적 영역 밖에서 생산되는 '한국 콘텐츠'가 증가하고 있다.

이처럼 한국에서 생산되었거나 한국적 요소가 포함된 모든 상황의 해외 진출 현상에 우리는 한류라는 용어를 습관적으로 사용한다.[1] 결과물이 아닌 과정적 관점에서 국적을 부여하는 것은 한류가 지닌 고유한 의미와 속성에 다소 어긋나는 듯 보이지만, 이러한 현상을 한류가 아니라고 할 수는 없는 노릇이다. 그렇다면 우리는 이 한류라는 용어를 다른 개념 또는 확장된 의미로 사용할 수도 있지 않을까?

이러한 확장된 한류 개념을 고민하게 된 이유 중 하나는 한국의 콘텐츠뿐 아니라 플랫폼 역시 글로벌 진출을 다양하게 시도하고 있기 때문이다. 아직 콘텐츠 한류와 같이 압도적인 성공을 보여 준다고 말하기 어렵겠지만, 여러 지역과 분야에서 유의미한 성과를 보여 주는 것도 사실이다. 문제는

1 출판 한류, 영화 한류를 넘어 클래식 한류, 음식 한류, 심지어 '촛불 한류'라는 용어까지 등장한 바 있다.

한국 플랫폼의 글로벌 진출의 필요성에 대한 여러 논의와 요구에 비하여, 정작 플랫폼이 글로벌로 나아갈 때 어떤 변화가 있을지는 아직 깊이 있는 논의가 이루어지지 못하고 있다는 것이다.

다수의 한국 기업들이 플랫폼이란 영역에서 글로벌 시장 진출을 위해 노력하고 있다. 만약 이러한 노력이 정말 성공을 거둔다면, 그 현상에도 우리는 '한류'라는 개념을 붙여 볼 수 있을 것이다. 이러한 관점에서 이 장은 '플랫폼 한류'라는 개념을 제안하고 정의하고자 한다. 미디어 발달사 차원에서 플랫폼의 해외 진출은 사실 익숙한 현상이다. 신문과 방송, 인터넷 등 기존 미디어 플랫폼의 글로벌 진출과 비교하여 플랫폼으로서 한류는 어떻게 개념화할 수 있으며 그 의미는 무엇인지 생각해 본다.

이 책에서는 한국 기업이 운영하는 글로벌 플랫폼의 사례에 주목한다. '네이버웹툰'과 '제페토,' 그리고 하이브가 서비스하는 팬 플랫폼 '위버스'가 그 주인공이다. 이들이 성취하게 될 미래를 '플랫폼 한류'라 부를 수 있다면 그것은 기존 콘텐츠 한류와는 어떤 점에서 같고 또 다른 것인가? 이 장은 '플랫폼 한류' 개념에 대한 탐색을 통해, 앞으로의 한류 진화를 어떻게 이해해야 할 것인지에 대한 관점을 제안하고자 한다.

2. 한류의 확장, 도전받는 한류 개념

한류의 정의 톺아보기

한류의 정의는 실로 다양하다. 한류라는 표현이 등장한 1990년대 말부터 지금까지 언론과 학계에서는 여러 관점과 방식으로 이 현상을 정의해 왔다. 이 가운데 비교적 최근에 이루어진 대표적인 네 가지를 추려 이야기를 시작해 보자.

표준국어대사전과 2021년 발의된 한류산업발전진흥법안에서는 한류를 "우리나라의 대중문화 요소가 외국에서 유행하는 현상"으로 정의하였다. 문화체육관광부 지정 국제문화 교류 전담 기관인 한국제문화교류진흥원(2018)은 한류를 "대중문화 콘텐츠가 해외 소비자들에 의해 소비되고 한국의 것으로 인식되는 문화 열풍 또는 문화 현상"으로 규정하였다. 홍석경(2021)은 "세계화와 디지털 문화 시대 초국적 문화 (수용) 현상"으로 한류를 바라보았다. 채지영(2020)은 "한국의 대중문화 콘텐츠 및 상품을 자발적으로 선호, 소비, 구매하는 소비 행동으로, 일시적인 것이 아니라 한 사회에서의 인기나 유행과 같이 지속적으로 나타나는 사회 현상"이라는 구조로 한류를 설명하였다.

한류 개념에 대한 사전적 정의와 기관, 연구자들의 정의를 서로 비교해 보자. 한류를 구성하는 핵심 요소로 한국,

대중문화(콘텐츠 및 상품), 외국(초국적), 유행(수용) 등의 개념이 공통적으로 포함되었음을 알 수 있다. 그런데 이들 정의에서 유심히 살펴볼 부분이 있다. 바로 한류에서 '한국'과 '유행'이 차지하는 의미와 범주다.

한류의 '한'은 한국을 의미한다. 한국은 우리 한민족의 오랜 터전이며, 그 영토는 "한반도와 그 부속 도서로 한다"라고 대한민국 헌법 제3조에 규정되어 있다. 북한과 독도 같은 국제 정치 이슈도 존재하지만, 이 땅에 뿌리를 내리고 오늘을 살아가는 이들에게 한국이란 나라의 공간적 영역은 분명하다.

국어사전과 채지영의 한류 정의가 '우리나라(한국)'로부터 시작하는 것은 그러므로 당연하다. 한국국제문화교류진흥원은 한술 더 떠 '한국의 것'이란 소유격 표현을 사용하였다. 홍석경의 정의에는 한국이 아닌 '초국적'이란 용어를 가져왔는데, 이는 한국이 없거나 아니라는 뜻이라기보다 한국이라는 특정 국가의 범위를 넘어섬을 강조하는 의미로 이해하는 것이 옳다. 국가를 초월하기 위해서는 애당초 이를 넘어설 국가가 존재해야 하기 때문이다.

유행이란 말은 "특정한 행동 양식이나 사상 따위가 일시적으로 많은 사람의 추종을 받아서 널리 퍼짐 또는 그런 사회적 동조 현상이나 경향"으로 국어사전에서 정의한다. 많은 사람이 좋아해서 널리 퍼진다는 것이 핵심이지만, 어휘적 해석으로는 일시적, 추종, 동조와 같은 부정적 의미도 있다. 실제로도 유행이라 할 때 우리는 언젠가 지나갈 어떤 것을 생각하기 마련이다. 한류의 여러 정의에서 이 유행이란 단어를 선택한 것은 당시만 해도 한류가 언젠가는 사라질, 마치 신기루 같은 현상으로 보였기 때문일지도 모른다. 열풍 또한 사막의 모래바람처럼 일시적이란 뜻을 함축하는 개념이다.

하지만 한류는 오랜 기간 지속되었고 지속될 현상이다. 여기서 한류의 시점과 미래를 다시 논의할 필요는 없다. 대중적으로 통용되는 한류라는 용어가 등장한 시점만 보더라도 30년에 가까워지고 있고, 최근 여러 경향을 종합해 볼 때 이 현상은 '당분간' 유지되고 발전할 것이라 보는 것이 합리적이다. 다만 앞으로의 한류가 지금과 같은 모습이거나 수준일지는 확신하기 어렵고, 다른 관점의 설명이 따라야 할 수도 있다. 사실 그것은 지금 여기서 풀어가려는 한류의 또 다른 양상의 정의와 맞닿아 있기도 하다.

다시 한류의 정의로 돌아오자. 이 유행이란 단어가 지닌 부정적 의미를 극복하기 위해 채지영은 '지속적'이란 수식어를 붙였다. 이는 한류라 불리는 현상이 지속되기 위해서는 인기나 유행의 양상을 새롭게 봐야 함을 의미하는 것이기도 하다. 한국국제문화교류진흥원의 정의에서 '소비'와 더불어 '인식'을 언급한 것도 이와 관련이 있다. 인식은 인간이 사물이나 현상에 대한 정신 과정 또는 태도로서 한순간 형성되

그림 1 한류 개념의 구성

누가	무엇을	어떻게	얼마나
해외 소비자	드라마, K팝, 영화 (핵심 콘텐츠) K컬처	선호, 소비, 구매 등 차별적 소비 행동	일시적 아님 지속적임

거나 사라질 수 없다. 채지영이 정의한 '자발적으로 선호'라는 표현도 유사한 맥락이다. 누군가 시키거나 강요해서가 아닌 스스로 좋아하게 된 것은 생명력이 오래갈 수밖에 없기 때문이다.

종합하면 한류는 '누가,' '무엇을,' '어떻게,' '얼마나'라는 네 가지 요소 또는 차원으로 정의된다. 첫째, 한류의 주체는 해외 소비자다. 한국이란 지리적 영역 밖에 존재하는 주체들이 한류 현상의 주인공이다. 둘째, 한류의 대상은 대중문화 콘텐츠다. 흔히 K팝이라 불리는 한국의 대중음악, 드라마, 영화 등의 장르가 핵심이다. 혹자는 클래식 등 문화 예술이나 전통문화까지 포함시키기도 하고, 생활·문화 전반을 포함한 이른바 K컬처의 영역으로 확장하기도 한다. 셋째, 한류의 양상은 선호, 소비, 구매와 같은 이용자(수용자)의 자발적 행동이다. 한류는 애초에 경제적 개념을 포함하기 때문에 소비 현상이 매우 중요하다. 넷째, 한류의 기간은 지속성을 전제로 한다. 일시적이 아닌 지속적 현상이란 잠재적 합의가 없다면 우리가 한류에 대한 복잡한 이야기를 꺼낼 이유가 없다.

한류에서 한국이란

한류에서 한국은 필수 요소다. 앞서 살펴본 한류 개념의 네 가지 차원 모두 한국이라는 공간적 개념을 전제로 한다. 해외 소비자는 한국 영토 밖에 있다. 그들이 좋아하는 대중문화 콘텐츠는 다름 아닌 한국의 콘텐츠다. 그래야 해외에서 이들 콘텐츠를 자발적·지속적으로 소비하는 사회 또는 문화 현상이란 한류의 정의가 완성된다.

모든 문제는 한류가 얼마나 지속될 것인가라는 물음에서 출발한다. 세상 모든 사상과 사물은 특정 시기의 모습 그대로 존재하지 않는다. 예컨대 한국 사회에 유교 사상이 지속되고 있는가를 묻는다면, 이는 유교 사상의 범주와 발현 양상에 대한 질문을 필수적으로 동반한다. 유교의 근본이자 행동 강령인 삼강오륜三綱五倫을 오늘날 한국 사회 구성원들이 충실히 따르는지로 판단한다면, 한국 사회는 유교 사상이 거의 단절된 것으로 보아도 무방하다. 군위신강君爲臣綱이나 군신유의君臣有義가 말하는 군주와 신하는 그 개념도 역할도 사라졌다. 전통적 개념의 부위부강夫爲婦綱이나 부부유별夫婦有別은 양성평등을 중시하는 현대 사회에서는 악습이다. 반면, 유교 사상의 유효성을 삼강오륜의 정신과 의미가 여전히 존중되는지로 판단한다면, 한국 사회는 여전히 유교 사회다. 부자유친父子有親과 장유유서長幼有序는 그 형태는 다소 다를지언정 효도와 공경이라는 가치로 사회적으로 장려되는 미덕이다. 전통적 범주와 발현 양상의 차원에서는 유교 사상이 단절되었지만 현대적 범주와 발현 양상으로 보자면 유교 사상은 한국 사회에 여전히 지속되고 있다.

다시, 한류는 얼마나 지속될 것인가에 답해 보자. 마찬가지로 한류의 범주와 발현 양상에 따라 답이 달라질 수 있다. 지금과 같은 모습의 한류를 고집한다면 그 생명은 그다지 길지 않을 수 있다. 반면 한류의 개념을 발전적으로 모색하고 받아들인다면 한류는 앞으로 꾸준히 지속될 것이라 예상할 수도 있다. 핵심은 '한국'을 어떻게 이해할 것인가, 그리고 어떠한 모습까지 한류로 인정할 것인가에 달려 있다.

2023년 7월 스페인 마드리드에서 여느 때처럼 K팝 공연이 열렸다. 그리고 여느 때처럼 전 세계 36개국에서 온 4만여 명의 다국적 팬들이 공연장을 가득 메웠다. 블랙스완도 이 무대에 오른 K팝 아이돌 그룹 중 하나였다. 한국어 노래가 울려 퍼졌지만 멤버들의 생김새는 일반적인 한국인과 달랐다. 5인조 다국적 걸그룹으로 한국 기획사 소속인데 한국계나 한국인 멤버가 단 한 명도 없이 활동하는, 이른바 '최초의 전원 외국인 K팝 걸그룹'이다. 통상적으로 다수의 한국인에 외국인 멤버가 한두 명 포함되거나, 외국인이 다수라도 한국계 멤버가 적어도 한두 명씩은 있었다. 그에 반해, 블랙스완은 벨기에(파투), 미국(앤비), 브라질·독일(가비), 인도(스리야), 브라질·일본(레이) 등 순수 외국인으로만 구성되었다는 점에서 새로운 시도다.

이처럼 현장에서는 이미 다양한 모습의 한류가 등장하고 있다. 블랙스완은 무수히 많은 '한국 없는 한류'의 한 사례다. 하지만 한국인만 없을 뿐 다른 모든 요소에는 '한국'을 품고 있다. 한류에서 한국인을 뺄 수 있다는 사실이 확인되었다. 그렇다면 이렇게도 생각해 볼 수 있다. 한류에서 '한국'은 얼마나 더 덜어 낼 수 있을까?

SM엔터테인먼트의 설립자이자 초대 총괄 프로듀서 이수만은 2000년대 초 K팝의 미래를 크게 3단계로 전망한 바 있다. 거칠게 정리하면 다음과 같다. 1단계는 한국에서 키운 아이돌·뮤지션이 한국에서 활동하는 것이다. 2단계는 한국에서 키운 아이돌·뮤지션이 해외에서 활동하는 것이다. 3단계는 해외에서 키운 아이돌·뮤지션이 해외에서 활동하는 것이다. 당시에 많은 이들이 의문을 가졌다. 해외에서 키워서 해외에서 활동하는데 그게 어떻게 K팝인가. 이수만은 K팝의 미래는 결과 자체가 아닌 결과로 가는 과정에 있다고 답하였다. 한국의 아이돌·뮤지션 양성 시스템의 결과라면 그들이 어디서 활동하고 심지어 그 모습이 어떻든 간에 K팝,

한국 콘텐츠, 한류라고 볼 수 있다는 의미다. 이수만과 한국의 엔터테인먼트 업계는 이 개념과 과정을 하나씩 실천해 오고 있었던 셈이다.

보이지 않는 한류

오늘날에는 한국적 요소로만 구성된 '순수한' 한류 콘텐츠는 오히려 찾아보기 힘들다. 드라마 〈사랑이 뭐길래〉나 싸이의 〈강남스타일〉처럼 한국인 배우와 감독, 작사·작곡가, 가수가 한국어로 연기하고 노래한 콘텐츠가 한국에서 모두 만들어져 해외로 나가는 경우는 드문 사례가 된 지 오래다. 한국 콘텐츠의 해외 진출만 보더라도 정말 다양한 양상이 존재한다. 기획·창작·제작·실연자의 국적, 제작 또는 주 활동 국가, 사용 언어 등에서 '한국'이 빠진 경우가 비일비재하기 때문이다.

〈달려라 형제奔跑吧兄弟〉로 이름 붙은 중국절강위성방송 프로그램은 한국의 〈런닝맨〉 포맷을 구입해 현지에서 제작한 결과물이다. 콘텐츠만으로는 한국적 요소를 전혀 발견할 수 없지만, 사실 한국 제작진의 손길이 곳곳에 묻어 있다. 영국 BBC에서 방영한 〈리틀 드러머 걸*The Little Drummer Girl*〉은 동명의 소설을 드라마화한 것으로 박찬욱 감독이 연출하고 조영욱 음악감독이 참여하였다. 이 또한 결과물만으로는 한국적 요소가 전혀 드러나지 않지만, 거장 한국인 감독이 해외에서 직접 제작 현장에 참여한 결과물이다. 장르는 다르지만 필리핀 보이그룹 SB19는 '한국'을 가장 완벽히 숨긴 사례다. 이들은 멤버 전원이 필리핀인이고 트레이닝과 활동 무대 또한 모두 필리핀이다. 하지만 이 그룹의 활동 방식을 유심히 살펴보면 뭔가 한국적 느낌이 있는데, 그 이유는 기획사(쇼비티) 설립자가 한국인(정성한)이기 때문이다. K팝 아이돌 양성 시스템을 이식하다시피 하여 필리핀에서 현지 아이돌을 키우고 시장에서 성공시켰다는 점에서 이수만의 3단계 전략과 유사한 형태다.

이뿐만 아니다. 우리가 늘 보고 듣는 한국 콘텐츠에도 한국이 사라진 공간이 상당수 존재한다. 봉준호 감독의 영화 〈설국열차〉에는 미국인 주연 배우가 등장하고, 대사의 상당 부분이 영어다. 원작 또한 프랑스 작가의 만화다. 2022년 칸영화제에서 배우 송강호에게 남우주연상을 안겨준 영화 〈브로커〉를 연출한 감독은 고레에다 히로카즈라는 일본 거장이다. K팝의 대명사 BTS의 주요 곡 작사, 작곡, 프로듀서의 국적을 보면 상당한 수와 비율로 외국인이 포함되어 있다. 거듭 말하지만 오늘날 시장에서 영향력 있는 콘텐츠 가운데 '순수한' 한류 콘텐츠는 많지 않다.

그렇다면 한류 현장에서 왜 이런 일이 일어나며 심지어 일반화되고 있을까? 제조업에서 글로벌 가치 사슬을 형성하

표 1 BTS 곡의 주요 참여자

<table>
<tr><th>제목</th><th>가수</th><th>작사</th><th>작곡</th><th>프로듀서</th></tr>
<tr><td>다이너마이트</td><td>BTS</td><td colspan="2">데이비드 스튜어트,
제시카 아검바르</td><td>데이비드
스튜어트</td></tr>
<tr><td>새비지 러브</td><td>BTS,
제이슨 데룰로,
자우쉬685</td><td>제이콥 캐셔
힌들린,
슈가, 제이홉</td><td>조슈아 나나이,
제이콥 캐셔
힌들린,
필 그레이스</td><td></td></tr>
<tr><td>라이프 고즈 온</td><td>BTS</td><td colspan="2">피독, RM,
블러시 데이비스, 크리스 제임스,
안토니나 아마토, 슈가, 제이홉</td><td>엘 캐피탄(장이정)</td></tr>
<tr><td>버터</td><td>BTS</td><td colspan="2">제나 앤드루스, 롭 그리말디, 스티븐
커크, RM, 앨릭스 빌로위츠, 세바스찬
가르시아, 론 페리</td><td>롭 그리말디,
스티븐 커크,
론 페리</td></tr>
<tr><td>퍼미션 투 댄스</td><td>BTS</td><td colspan="2">에드 시런, 스티브 맥, 조니 맥데이드,
제나 앤드루스</td><td>스티븐 커크</td></tr>
<tr><td>마이 유니버스</td><td>콜드플레이, BTS</td><td colspan="2">빌 라코, 크리스 마틴, 가이 베리먼,
제이홉, RM, 슈가, 조니 버클랜드, 맥스
마틴, 오스카 홀터, 윌 챔피언</td><td>빌 라코, 맥스
마틴, 오스카 홀터</td></tr>
</table>

는 주된 이유는 비용 절감이다. 하지만 이를 한류의 최근 모습에 적용하기는 어렵다. 한류에서 한국을 지우려면 비용은 오히려 늘어나기 때문이다. 경제적 이유는 아닌 셈이다. 한류에서 한국을 조금씩 덜어내는 노력은 역설적으로 한국 콘텐츠의 생명력과 경쟁력을 높이기 위해서다. 한류는 한국이기에 성공한 면도 있지만, 한국이기에 그 성장의 한계 또한 명확하다. 이는 문화 상품의 고유 특성 중 하나인 문화적 할인

cultural discount 개념으로 설명된다. 한류 현상은 우리 문화 상품의 외연을 크게 키워냈지만, 그 외연을 지금보다 더 크고 단단하게 넓히기 위해서는 한국이라는 껍질을 조금씩 벗겨내거나 심지어 버려야 할 수도 있다.

비즈니스 세계는 애국심이나 자부심이 아닌 소비자의 선택으로 작동한다. 한류의 주체인 해외 소비자 규모를 확장하기 위해 한류 현장에서 고군분투하는 이들은 필요에 따라 한국적 요소를 하나씩 걷어낼 수밖에 없다. 존재론적 관점이 유지된다면 인식론적 관점의 한류에서는 한국을 남김없이 덜어낼 수도 있다. 보이지 않는 한류Invisible Hallyu로의 전환이다.

3. 한류, 콘텐츠에서 플랫폼으로

결과물이자 시스템으로서 한류

지금까지 외국인이 외국에서 외국어로 노래하고 연기하더라도 한류일 수 있다고 했다. 그렇다면 콘텐츠 자체가 아닌 콘텐츠를 유통하고 이용하는 플랫폼에 한국적 요소가 담긴 경우는 어떠한가?

다시 한류의 정의로 돌아가 보자. 한류를 구성하는 여러 요인 가운데 그 대상은 대중문화 콘텐츠라 하였다. 20년 전

이수만의 주장을 재정리하면 콘텐츠가 해외로 나가는 방식은 완성된 결과물이 기본이지만, 그 결과물에 이르는 과정이 나갈 수도 있다고 하였다. 연예기획사를 운영하는 입장에서 스타급 아티스트를 양성하고 콘텐츠 제작 유통을 통해 수익을 창출할 수도 있겠지만, 근본적으로 이 시스템 자체를 해외에 진출시킨다면 힘들게(당시 유튜브가 없던 시절이므로) 해외 홍보를 할 필요성이 대폭 낮아지기 때문이다.

이 같은 방식의 기업 또는 산업 확장 전략은 사실 익숙하다. 동네 치킨 가게가 유명해지면 체인점으로 변신한다. 사장과 소수의 직원이 한두 마리 튀기는 수준으로는 수요를 감당할 수 없기 때문이다. 사업자는 더 많은 수익을 창출하고 소비자 만족도를 높일 방안을 찾는다. 재료와 조리법을 정리하고 인테리어나 서비스 응대 표준을 만들어 똑같은 치킨 가게를 전국 곳곳에 둘 수 있다. 이른바 프랜차이즈 방식이다. 교촌치킨 본점에서 매일 10만 마리를 튀겨 전국으로 보내는 것보다 전국 1,000개 가맹점에서 매일 100마리를 튀기는 것이 효율적이면서 품질도 보증하는 좋은 방법이다. 현대자동차와 삼성전자 해외 공장도 같은 연장선에 있다.

한 걸음 더 나가 이 사례는 어떤가. 언론 보도에 따르면 국내 편의점 GS25와 CU의 해외 점포 수가 2025년 1월 기준 1,200개를 넘어섰다고 한다(《매일경제》, 2025. 1. 10). GS25는 베트남 342개, 몽골 267개 등 총 609개의 매장을 해외에서 운영 중이다. CU는 몽골 432개, 말레이시아 147개, 카자흐스탄 18개 등 597개의 해외 매장을 두고 있다. 이들 매장은 마치 한국을 그대로 옮겨놓은 듯한 모습을 보여 준다. 예를 들어, 말레이시아의 CU 매장은 한국 라면과 음료수는 물론 떡볶이와 닭강정, 호빵도 판매하고 있다.

해외 진출 한국 편의점의 특징은 두 가지로 요약된다. 한국 상품과 한국 생활 양식이 그것이다. 첫째, 해외 한국 편의점은 한국 상품을 전한다. 물론 한국과 관련 없는 현지 브랜드와 상품도 많다. 하지만 김치와 떡볶이 등 한국 드라마에서 보았을 법한 각종 상품을 손쉽게 만날 수 있다는 점이 매력적이다. 현지 소비자들은 '한류의 실천'으로서 한국 편의점을 찾는 셈이다.

둘째, 해외 한국 편의점은 한국의 생활 양식을 전한다. 떡볶이는 한국 음식이기도 하지만, '편의점에서 떡볶이를 파는 행위' 또한 지극히 한국적이다. 깨끗하고 정비된 환경에서 복장을 갖춰 입은 직원이 매뉴얼에 따라 음식을 조리하고 내놓은 방식, 편의점에 테이블을 두어 즉석에서 음식을 즐길 수 있는 방식이 한국적이다. 현지 소비자들은 '한류 상품'을 넘어 '한류 상품이 유통되고 소비되는 방식'을 경험한다.

해외 한국 편의점 사례를 토대로 한류의 정의와 구성 요건에 관한 이야기를 다시 해 볼 수 있다. 쿠알라룸푸르 CU 편의점에서 판매하는 상품 중 일부는 한국에서 만들어 수출된다. 그런데 한국 김치나 라면의 원료를 자세히 들여다보면 중국산 배추와 말레이시아산 팜유가 포함되어 있다. 심지어 중국이나 말레이시아 현지에서 조달된 재료와 인력을 활용하여 제품을 만들고 한국 상표만 붙인 경우(OEM)도 있을 것이다. 한국이라는 지리적 공간에서는 아무 일도 일어나지 않은 경우다. 그런데 현지인들이 보기에 '한국에서 만든 한국 상품'과 '해외에서 만든 한국 상품' 사이에 그 어떤 차이가 있을까? 재료와 생산지를 일부러 들여다보지 않는 한 차이를 발견하기는 어려울 것이다. 심지어 차이를 발견하더라도 맛이나 그로부터 얻은 경험에는 본질적 차이가 없다. 결과물로서 한류 콘텐츠의 '순수성'은 한류를 판단하는 핵심 기준이 아닐 수 있다는 의미다.

한국 상품이 아닌 한국 생활 양식에도 마찬가지 논리를 적용할 수 있다. 예컨대 어떤 이유로 쿠알라룸푸르 CU 편의점의 한국 상품이 점차 줄어들다가 언젠가 하나도 남게 되지 않은 상황을 가정해 보자. 떡볶이나 닭강정이 아닌 아쌈락사와 바쿠테를 CU 편의점 즉석 코너에서 판매할 수도 있다. 그러면 CU는 이제 한국적이지 않은가? 그렇지 않다. 왜냐하면 깨끗하고 정비된 환경에서 복장을 갖춰 입은 직원이 매뉴얼에 따라 음식을 조리하고 내놓은 방식, 편의점에 테이블을 두어 즉석에서 음식을 즐길 수 있는 '한국적 양식'은 그대로 유지되기 때문이다. 한국 상품이 전혀 없는 한국 편의점도 '한국'으로 인식되고 소비될 수 있다. 결과물도 없고 한국도 사라졌지만 한류는 남아 있다. 한류는 결과물이 아닌 체계와 방식이기도 하다.

플랫폼의 영향력과 속성

해외에 진출한 한국 편의점은 결국 '한류 플랫폼'인 셈이다. 한국 편의점은 한국 상품과 문화가 오가는 '실체적 공간'인 동시에 한국 상품 유무를 떠나 존재 자체가 한국의 '상상적 공간'이기도 하다. 해외에서 플랫폼을 통해 스스로 만들어지는 한류의 영향력은 오래 유지된다. 지속 가능성을 기대할 수 있다.

결국 한류는 콘텐츠에서 플랫폼으로 확장될 수 있다. 이왕 플랫폼이란 말이 나왔으니 그 의미와 특성을 잠시 들여다보자. 다시 표준국어대사전을 펼쳐보면 플랫폼이란 "역에서 기차를 타고 내리는 곳," 즉 승강장이 첫 번째 의미로 제시된다. 서울 고속버스터미널에 있는 수많은 플랫폼이 그것이다. 사전에서는 이와 함께 "정보 시스템 환경을 구축하고 개방하여 누구나 다양하고 방대한 정보를 쉽게 활용할 수 있도록 제공하는 기반 서비스"라는 정의도 제공한다. 네이버나 유튜브처럼 콘텐츠 제작자와 소비자를 이어주는 접점을 의미한다. 오늘날 플랫폼은 후자의 의미로 더 많이 자주 사용된다.

플랫폼은 '공간'으로서 승강장 또는 광장인 동시에 '매개자'로서 시장, 관문이기도 하다. 모두 그 자체가 목적이라기보다 무엇인가를 연결하는 것이 근본 목적이다. 커뮤니케이션학의 전통적 SMCRE(Source-Message-Channel-Receiver-Effect) 모형에서 채널, 그리고 현대적 CPND(Content-Platform-Network-Device) 모형에서 플랫폼은 결국 미디어의 개념과 상통한다.

미디어의 영향력에 대해 여기서 다시 설명하는 것은 가능하지도 않고 필요하지도 않다. 마셜 매클루언Marshall McLuhan과 해럴드 이니스Harold Innis, 프리드리히 키틀러Friedrich Kittler와 같은 학자들은 미디어가 작게는 전달하는 콘텐츠의 속성부터 크게는 사회 전체 구조를 바꿀 만큼의 영향력을 지니고 있음을 보여 주었다. '종이 세상'과 '인터넷 세상'이 얼마나 다른지 생각해 보는 것만으로 충분하다.

그렇다면 미디어적 속성을 물려받은 플랫폼 또한 콘텐츠와 사람, 그들이 어울려 살아가는 사회에 적지 않은 영향을 줄 것이라 생각할 수 있다. 이는 승강장이라는 전통적 플랫폼의 개념을 통해서도 생각해 볼 수 있다. 예컨대 한국과 중국의 고속열차는 승강장의 형태가 다르다. 한국의 고속철도(KTX) 역은 저상홈으로 설계되어 승강장과 열차 사이에 높이 차이가 있다. 열차가 정차하면 계단이 내려오고, 사람들은 짐을 들고 계단을 오르내린다. 정차 시간이 상대적으로 길 수밖에 없다. 반면 중국의 고속철도(CRH) 역은 고상

홈으로 설계되어 승강장과 열차 사이에 높이 차이가 없다. 열차가 정차하면 사람들은 짐을 끌고 타고 내린다. 정차 시간이 상대적으로 짧다. 플랫폼의 특성에 따라 사람들의 행동, 비용, 시간 등이 달라지는 것이다. 플랫폼의 영향력이다.

미디어 발달사에서 콘텐츠가 아닌 플랫폼 자체가 국경을 넘나든 것은 사실 흔한 사례다. 현대 사회의 대표 미디어인 신문은 뉴스 기사와 광고라는 콘텐츠를 전달한다. 하지만 신문의 모습은 불과 200년 전만 해도 동서양이 사뭇 달랐다. 동양에서 신문은 오랜 기간 관보官報의 형식을 유지하였다. 서양은 중세 서한신문news-letter 형태로 등장하여 정론지를 거쳐 광고와 구독료 기반의 상업 신문으로 발전하였다. 우리나라는 물론 아시아 주요 국가는 정도의 차이는 있을지언정 서양식 개념의 상업 신문 형식이 정착하였다. 상업 신문이 주류가 된 사회에서는 중앙 정부가 일방적으로 전달하는 관보적 성격의 미디어는 사라지거나 비주류가 된다. 신문이란 미디어는 이렇게 국경을 넘나들며 나라별로 뿌리를 내렸다.

방송은 어떤가. 마이클 패러데이Michael Faraday의 전자기 유도 법칙에서 시작된 전파 기술의 발전은 무선 통신의 시대를 열었고, 데이비드 사노프David Sarnoff의 '라디오 뮤직 박스' 제안Radio Music Box Memorandum을 통해 매스 커뮤니케이션을 기본 속성으로 하는 방송의 개념으로 진화하였다. 우리나라는 1950년대 미국이 주도한 제3 세계 국가 방송 장비 지원 대상으로 NTSC 주사 방식을 기술 표준으로 채택하였다. 주파수 희소성 개념에 따른 공공성, 공익성 규제의 제도적 틀과 광고를 통한 양면 시장이라는 수익 모델 또한 그대로 들여왔다. 냉전 시대 자본주의 진영과 사회주의 진영은 방송의 기술과 제도적 틀을 달리하였는데, 이는 역설적으로 방송 미디어가 기술이자 제도로서 국경을 쉽게 넘나들었음을 의미한다.

미디어의 월경 개념은 인터넷의 등장과 발전으로 완성된다. 아르파넷ARPANET, 프로토콜(TCP/IP), 월드 와이드 웹(WWW) 개념은 전 세계적으로 분산되고 수평적인 네트워크 개념을 안착시켰다. 인터넷 세상에서는 모두가 평등하다는 점에서 동일한 가치를 지향하는 민주주의에 잘 부합하고 더욱 발전하였다. 인터넷 기반의 전자민주주의는 21세기를 기점으로 우리나라는 물론 전 세계 주요 국가의 정치, 사회, 문화 다방면으로 상당한 영향을 주며 오늘에 이르고 있다.

이처럼 미디어와 플랫폼의 이동과 전파는 그에 수반된 제도와 가치 사슬, 철학도 함께 이전한다는 점에 주목할 필요가 있다. 한류의 플랫폼화는 한류의 생산, 유통, 소비 시스템의 확장뿐만 아니라 한류에 수반된 제도와 가치 사슬, 철학도 함께 담기고 전파될 수 있다는 의미다. 한류 콘텐츠가 한국의 문화와 생활 양식을 전한다면 한류 플랫폼 또한 한국의 문화와 생활 양식을 보다 체계적이고 지속 가능한 형태로 공유할 수 있다. 그 형태가 오랜 기간 여러 국가에서 유지되고 확장된다면 우리는 이를 '플랫폼 한류'라 부를 수 있을 것이다.

4. 플랫폼 한류

플랫폼 한류 정의하기

지금까지 한류의 개념과 속성에서 출발하여 한류가 확장되는 양상을 한국적 요소의 가시성과 본질적 요인을 토대로 플랫폼의 차원까지 확장시켜 살펴보았다.

플랫폼 한류의 개념을 정의하기 위해 요구되는 세 가지 선결 조건이 있다. 첫째, 변화하는 세상에 대한 열린 시각이다. 근대 국민 국가 또는 서구 중심적 사고에서 탈피하고 개념의 유연성과 상대성, 복합성을 인정하고 이해하기 위한 노력이 필요하다. 앞서 살펴본 '한국 없는 한류,' '보이지 않는 한류' 개념에 동의하지 않는다면 플랫폼 한류 개념은 설 자리가 없다. 둘째, 배타적 한류에서 포용적 한류다. '우리 것'의 소유권과 우수성에 대한 과도한 집착은 지양할 필요가 있다. 한류를 국가적/수직적 현상이 아닌 지역적/수평적 현상으로 이해하고, 특수성보다 보편성에 대한 이해와 접근이 필요하다. 셋째, 결과적 한류에서 과정적 한류다. 국내에서 생산(제작)된 콘텐츠를 해외에서 소비하는 현상을 넘어 한국적 요소를 기반으로 기획, 제작, 유통, 소비하는 체계로 한류 현상을 이해한다. 다시 말해 '생산된 상징 체계'에서 '상징의 생산 체계'로 한류의 개념 자체를 변화시켜야 한다.

이들 요소를 종합적으로 고려하면, 플랫폼 한류는 "한국의 시공간적 문화 요소를 토대로 (대중문화) 콘텐츠를 기획, 제작, 유통, 소비하는 체계로서 그 과정과 결과물이 해외에서 수용되고 인기를 얻는 사회문화 현상"으로 정의할 수 있다. 이렇게 되면 플랫폼 한류의 상대 개념으로 콘텐츠 한류가 존재하게 된다. '전통적 한류'와 '확장된 한류,' '잠재적 한

그림 2 플랫폼 한류의 개념과 관련 개념

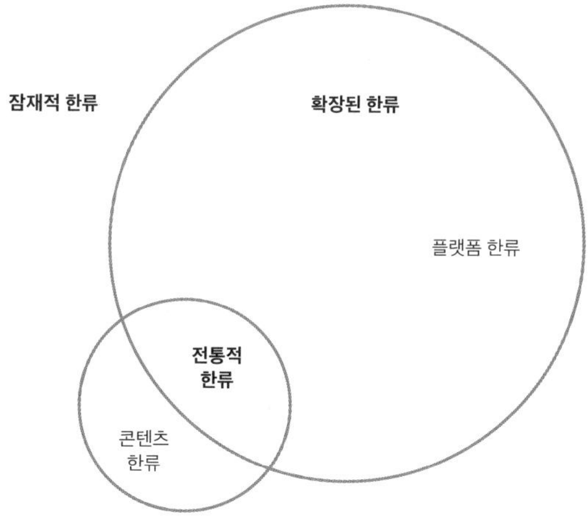

류' 개념 또한 콘텐츠 한류와 플랫폼 한류 개념을 정의하고 구분하기 위해 함께 고려될 필요가 있다. 이들 개념 간 관계를 도식화하면 그림 2와 같이 그려 볼 수 있다.

전통적 한류는 기존 콘텐츠 한류(결과적 개념)와 플랫폼 한류(과정적 개념)가 만나는 영역으로 개념화할 수 있다. 한류의 사전적 정의에 해당하는 영역으로 한국인이 한국적 요소를 토대로 한국에서 생산된 콘텐츠다. 확장된 한류는 전통적 관점으로는 한류 개념에 포함되지 않았지만, 플랫폼 한류 개념 설정에 따라 말 그대로 확장된 한류의 영역이다. 한국적 요소를 직접적이고 가시적으로 내포하지 않지만, 콘텐츠 한류 또는 플랫폼 한류에서 파생되어 한류적 속성을 지닌 과정 또는 결과물은 잠재적 한류의 영역이 된다.

넓어진 한류 개념에 따라 다양한 한류 현상과 사례를 재분류해 보면 다음과 같다. 전통적 한류는 〈사랑이 뭐길래〉, 〈강남스타일〉처럼 한국에서 한국인이 한국적 요소를 바탕으로 생산한 콘텐츠의 글로벌 인기 현상이다. 전통적 한류 영역이 아닌 콘텐츠 한류 사례로는 박찬욱 감독이 영국에서 연출한 드라마 〈리틀 드러머 걸〉을 들 수 있다. 한편 전통적 한류가 아닌 순수 플랫폼 한류 사례로는 SB19, 네이버 웹툰, 제페토, 해외로 수출된 포맷 등을 들 수 있다. 잠재적 한류의 대표적 사례는 인도네시아 걸그룹 스타비다.

플랫폼 한류, 의미와 한계

지금까지 플랫폼 한류를 개념 정의하고 이를 통해 한류의 영역이 확장될 수 있음을 보였다. 그러면 마지막 질문이 남는다. 한류의 개념과 영역에 대한 이러한 작업이 무슨 의미가 있을까?

우선 한류 개념의 확대는 한류의 시공간성과 가시성의 문제를 해소하는 실마리가 될 수 있다. 오늘날 한류 생산 체계는 제작과 소비, 기획과 유통 등 문화산업의 다양한 가치사슬적 속성을 모두 포함한다. 다시 말해 한류는 한국적 (문화) 요소의 글로벌 공통화 과정을 보여 준다. '한국적인 것'의 가시성 여부와 관계없이 플랫폼 한류는 한국적 속성을 배태할 수 있다. 즉 플랫폼 한류 개념을 설정함으로써 한국 없는 한류, 보이지 않는 한류 존재에 대한 인식을 설명할 수 있고 한류의 영역으로 끌어안을 수 있다.

더불어 한류 개념의 확대는 한국적 요소의 순기능 전파와 다양성 제고에 기여한다. 앞서 플랫폼의 이동과 전파는 해당 플랫폼에 수반된 가치적 요소도 함께 전달될 수 있음을 보았다. '착한 콘텐츠'의 바탕이 되는 전인적 트레이닝 시스템(예의 바른 아이돌, 공부하는 아이돌 등), 공정하고 합리적인 계약과 수익 분배 등 콘텐츠(결과)의 글로벌 다양성 확대뿐만 아니라 시스템(과정)의 다양성 제고를 설명해 준다.

한류의 개념 확장에 따른 한계도 분명 있다. 첫째, 무한히 확장되는 한류의 개념 문제다. 잠재적 한류는 세상의 모든 문화와 콘텐츠를 한류의 대상으로 개념화하는 문제를 마주한다. 세상의 모든 콘텐츠를 한류로 바라보고 개념화하면 자칫 중국의 동북공정과 같은 배타적 이념으로 악용될 우려가 있다. 더불어 이른바 '위장僞裝 한류'도 잠재적 한류가 되는 모순이 발생하게 된다.

둘째, 여전히 남는 '한국적인 것'에 대한 문제의식이다. 한국적인 것에 너무 집착해서도 안 되지만 한국적인 것이 부차적이거나 심지어 불필요한 것으로 인식되어도 곤란하다. 글로벌 시민성은 자국민의 정체성을 바탕으로 할 때 가치 있기 때문이다. 그렇다면 한국적인 것을 인식해야 하는데, 문제는 한국의 시공간적 문화 요소에 대한 합의된 기준이 부재하다는 점이다. 전통과 현대, 예술과 대중문화 등 한류 발전 과정에서 빈번히 등장하던 전통적 갈등이 있을 수도 있다.

2장

국내 플랫폼 기업의 글로벌 진출을 통해 본 플랫폼 한류

1. 네이버의 해외 진출 사례를 통해 본 플랫폼 한류의 가능성

'플랫폼 한류'라는 개념에 가장 가까운 국내 플랫폼 기업을 고른다면 네이버일 것이다. 네이버는 2013년 일본에서 출시한 라인이 성공을 거둔 이후, 웹툰·웹소설, 스노우, 제페토, 브이라이브 등의 서비스가 북미와 유럽, 동남아에서 성장하면서 가시적인 성과를 거두기 시작했다. 네이버는 메신저와 콘텐츠, 엔터테인먼트, 중고 거래 등의 영역을 중심으로 다양한 플랫폼 서비스의 글로벌 진출에 총력을 기울이고 있다.

네이버가 밝히듯, 글로벌 진출은 10여 년간의 시도 끝에 비로소 성과를 거두기 시작한 '현재진행형'인 과제다(《뉴시스》, 2022. 4. 13). 그렇다면 네이버의 여러 플랫폼 서비스들의 글로벌 진출 과정에서 엿보이는 변화의 특징은 무엇일까? 이 장에서는 네이버가 해외에서 해당 플랫폼 서비스들을 안착시켜나가는 과정이 콘텐츠 수출에 의존하는 방식, 즉 '콘텐츠 한류'와는 다른 방식을 취한다는 점, 또 한국에서 성공한 모습 그대로를 수출하는 것이 아니라 현지에 최적화된 다양한 플랫폼'들'의 사례를 만들고 있다는 점, 그리고 글로벌 시장에서 이러한 플랫폼'들'을 안착시켜 가는 과정이 기존의 거대 글로벌 기업이 주도하던 인터넷 산업의 논리와는 달라지고 있다는 점에 대해 논의하고자 한다.

이는 이른바 '토종 플랫폼'이 자국 시장을 장악한 후 글로벌 시장으로 '확장'할 수 있었던 '성공 전략'을 파악하기 위한 것이 아니다. 오히려 자국에서와 달리 글로벌 맥락에서 나타나는 변화와 새로움을 구체화함으로써 이 과정이 어떻게 플랫폼 산업 및 문화 지형을 '다양화'할 수 있었는가에 관심을 가진다. 네이버의 해외 진출은 국내에서 성공한 종합 포털 서비스 그대로를 수출하는 것이 아니다. 마치 외래종이 새로운 환경에 적응하거나 현지의 종과 결합해 새로운 종으로 진화하듯 현지에 최적화된 다양한 플랫폼'들'의 사례를 만들고 있다.

이러한 논의를 위해 이 장에서는 국내에서 서비스되는 '플랫폼으로서 네이버'가 지닌 특징을 서비스 구조와 비즈니스, 이용(자) 측면에서 글로벌화 전후로 나누어 살필 것이다.

이어, 네이버가 글로벌로 진출하는 과정에서 어떤 특징들이 개별 플랫폼에서 유지되거나 달라지는지 진단할 것이다.

2. 플랫폼으로서 네이버

네이버는 국내에서 이른바 '검색 포털' 서비스를 전개하면서 구글이나 메타와 같은 '글로벌 플랫폼'과는 다른 독특한 특징과 정체성을 구축해 왔다. 웹 서비스임에도 자체 콘텐츠 중심의 잘 편집된 콘텐츠를 종합적으로 제공하고, 국내의 대표적인 서비스임에도 끊임없이 버티컬 확장을 시도해 왔으며, 이용자 참여를 극대화하면서도 보상 시스템을 통해 이를 적극적으로 관리해 왔다는 점에서 그러하다.

'검색 포털' 네이버의 서비스 구조의 특징

자체 콘텐츠 전략(대 개방형 콘텐츠 전략)

네이버가 지닌 특징 중 하나는 자체 콘텐츠의 적극적인 활용이다. 네이버는 도메인(www.naver.com) 안에 있는 문서 또는 카페, 블로그와 같은 내부 생태계의 텍스트도 주요 검색 결과로 제공한다. 이는 네이버의 '통합 검색' 서비스를 제공하던 당시의 인터넷 환경과 관련된 특징이다. 2000년대 초반 웹에는 질 좋은 한국어 콘텐츠가 많지 않았다. 이에 네이버는 온라인 자료들을 연결하는 웹의 원리가 아니라 이용자의 머릿속에 있는 정보를 웹으로 끌어내어 기존에 없던 한글 데이터베이스를 구축하는 전략을 고안했다. 이용자 참여를 통해 정보가 축적되게 함으로써 콘텐츠 부족도 해결하고 이용자도 확보하는 두 마리 토끼를 잡은 것이다.

이러한 자체 콘텐츠 전략은 구글의 개방형 생태계와 대조를 보인다. 김중태(2006)는 구글이 이용자가 검색 후 구글 웹사이트를 나가게 되는 '보내기 철학'에 기반을 둔다면, 네이버는 검색 결과가 새로운 네이버 페이지로 열려 이용자가 네이버 안에서 더 많은 시간을 보내도록 하는 '붙잡기 철학'을 사용한다고 평한다. 구글이 '밖으로 향하는 방향'을 지향하는 데 비해 네이버는 '안으로 향하는 방향'을 가졌다는 말이다(권승태, 2023).

정보의 독점(원용진 · 박서연, 2021)이나 이용자의 자원화(한선, 2010)라는 일부의 비판에도 불구하고, 자체 콘텐츠를 적극적으로 활용하는 통합 검색 중심의 확장이 네이버의 성공 전략 중 하나였다는 사실은 부인하기 어려울 것이다. 특히, 텍스트뿐 아니라 뉴스, 동영상, 이미지, 블로그 등 다양한 양식의 정보를 일목요연하게 정리해 제시하는 방식이 한국 검색엔진 시장의 표준 기술처럼 자리 잡았다(장정훈, 2007). 이러한 점에서 자체 콘텐츠를 활용하는 네이버의 정보 구조는 글로벌 표준과 달리 로컬 맥락에서 독특하게 발전, 정착한 플랫폼의 일면을 보여 준다.

적극적인 콘텐츠 큐레이션(대 자동 알고리즘과 콘텐츠 흐름)

네이버의 콘텐츠 제공 방식은 맞춤 정보를 원스톱으로 제공해 편의성을 높이는 전략이라 할 수 있다(Choi, Kim & Yoon, 2014). 이를 위해 네이버가 활용한 전략은 사람이 참여하는 적극적인 콘텐츠 큐레이션이었다. 가령, 인물을 검색하면 구글은 다양한 출처의 정보를 기계적으로 수집해 보여 주지만, 네이버는 직접 수집하거나 이용자에게서 제공받은 정보를 편집한 결과를 상단에 보여 주는 방식이다. 구글이 웹에 흩어져 있는 콘텐츠를 잘 보여 줄 수 있는 하부 구조에서 출발했다면, 네이버는 편리하게 즐길 수 있는 콘텐츠를 만드는 상부 구조에서 출발했다(윤정근 · 임일, 2009). "사용자가 검색 결과에 만족할 수만 있다면 수작업이라도 마다하지 않겠다"라는 것이 기존 네이버의 철학(김중태, 2016)이었던 것이다.

물론 2025년 현재의 네이버 앱과 포털에서의 콘텐츠 추천은 알고리즘을 기반으로 이루어지고 있다. 사람이 참여하는 콘텐츠 큐레이션에 대한 오랜 비판에 대한 대응이자, 알고리즘 기반의 개인화된 추천의 중요성이 높아진 미디어 환경을 반영한 변화다. 그런데도 이전까지의 콘텐츠 추천 과정에서 대중이 좋아하는 정보를 대중이 보기 편하게 보여 주는 편집이 경쟁력 확보의 중요한 전략이었던 점은 분명하다(김중태, 2006). 윤호영과 진보래(2023)가 네이버의 검색 알고리즘이 시민 단체의 요청에 따라 수동 편집될 수 있음을 지적한 데서 보듯, 콘텐츠에 대한 적극적 큐레이션이 잔존하는 부분 또한 확인할 수 있다.

이러한 경향에 따라 네이버 포털 서비스의 첫 화면은 다양한 콘텐츠가 잘 정리된 형태로 제시되도록 구성된다. 검색 공간만 존재하는 구글과 달리 네이버 검색 포털의 첫 화면은 크게 검색 공간, 콘텐츠 공간, 공지 공간으로 나뉜다. 첫 화면을 통해 기업으로서 정체성을 밝히고, 이용자가 구성한 콘텐츠를 주로 제공하며, 크리에이터, 파트너, 개발자 등에게 공지를 전달함으로써 네이버가 이들 모두를 아우르는 양면 시장의 플랫폼임을 드러내는 것이다(권승태, 2023). 이는 특정 시점의 정보가 계속해 업데이트되는 페이스북의 타임라인이나 평면적인 구글의 검색 결과와 대조된다. 기계 알고리즘에 따라 유동적이고 한시적으로 정보를 정렬하는 페이스북 및 구글과 달리 네이버가 제공하는 정보는 적극적인 콘텐츠 큐레이션의 전략을 통해 구조화, 체계화된 결과물이다. 이에 대해 권승태(2023)는 네이버가 "현실적이고 유희적인 다중 서비스를 제공하는 폐쇄적이고 질서정연한 콘텐츠 플랫폼"이라고 분석한 바 있다.

네이버 서비스가 '문화적인' 결과물이라는 사실(윤호영 · 진보래, 2023; 이유미 · 김승인, 2014)은 네이버가 '미디어적' 속성을 지님을 시사한다. 네이버 서비스는 중개하고 연결하는 플랫폼인 동시에 의미를 생산하고 매개하는 미디어의 역할 또한 수행하고 있다. 이러한 미디어적 속성은 구글, 메타와 같은 글로벌 플랫폼과 구별되는 네이버만의 특징이라고 할 수 있다.

종합성(대 개별성)

자체 콘텐츠를 활용하며 편집된 콘텐츠를 정돈된 상태로 제공하는 네이버의 모습은 다수의 개별 서비스가 아니라 하나의 '종합 서비스'가 제공되는 것에 가깝다. 네이버와 같은 정보 검색 중심의 서비스를 기존에 '포털 서비스'라 지칭해 왔지만, 네이버의 발전사는 '관문portal'이 아니라 '종합total' 사이트로서 서비스가 확장되어 온 과정에 가까운 것이다.

'포털'은 월드 와이드 웹에 접속할 때 기본적으로 거치도록 만들어진 사이트를 말한다. '정문' 또는 '입구'라는 단어의 뜻처럼, 웹의 세계를 항해navigation할 수 있도록 편리한 시작점을 제공하는 것이 포털 사이트의 목적이다. 검색이 포털 사이트의 핵심 기능인 이유가 여기에 있다.

네이버 또한 초창기에는 '검색'을 네이버의 핵심 서비스로 규정하고 여기에 주력했으나 점차 다양한 영역으로 서비스를 확대해 간다. 2025년 1월 현재 네이버 홈페이지에 소개된 서비스의 수는 뉴스, 금융/자산, 엔터테인먼트/문화, 쇼핑, 멤버십, 도구, 인증, 커뮤니티/콘텐츠, 지도/플레이스/여행, 사전/지식, 파트너 서비스, 개발자 도구 등을 망라하여 111개에 이른다.

중요한 것은 이들 서비스가 단순히 모이는 수준을 넘어 '종합 선물 세트'처럼 기능한다는 점이다. 이는 앞서 설명한 네이버의 자체 콘텐츠 전략과 편집력 덕분이다. 구글에서는 이용자가 여러 웹 주소를 오가며 서핑을 하지만, 네이버에서는 네이버 도메인 안에서만 서핑을 해도 필요한 정보나 기능을 충분히 얻을 수 있다. 네이버 자체로 거의 '완결된' 정보 서비스가 제공되는 셈이다.

이용자 또한 네이버 서비스의 종합성을 선호하는 것으로 나타난다. 가령, 네이버 뮤직 앱 이용자는 '기존 네이버 아이디와의 연동,' '네이버 음악 검색 기능 연동 서비스'에 대한 만족도가 높고, 네이버 검색 자체에 대한 만족은 낮더라도 관련 콘텐츠와 연결되어 검색 결과가 제공되면 만족도가 높다(권준경 · 강누리 · 김승인, 2012). 이용자는 뮤직 앱이나 검색을 독립된 개별 서비스가 아니라 네이버 서비스 일부이자 네이버 정보에 종합적으로 도달하는 하나의 경로로 활용하는 셈이다. 네이버는 다양한 서비스들을 적극적으로 연결, 통합하는 전략을 통해 '종합 서비스로서 네이버'를 이용자에게 제공한다.

이 과정에서 네이버의 정체성이 강력하게 작동한다는 점도 흥미롭다. 한 연구에 따르면, 네이버에 대해 긍정적으로 생각하는 소비자는 네이버 입점 업체에 대해서도 긍정적으로 인식하는 우산 효과umbrella effect가 확인된다(이미지 · 백유진 · 류민호 · 이종태 · 김은혜, 2018). 이는 네이버 플랫폼에서 이용되는 정보의 가치가 네이버라는 정체성의 큰 테두리 안에서 인식됨을 보여 준다. 이러한 종합성은 글로벌 플랫폼에서 찾아보기 어려운 독특한 특징이다.

비즈니스 전략의 특징

버티컬 확장 전략

비즈니스 측면에서도 네이버는 독특한 전략을 발전시켜 왔다. 먼저, 네이버의 발전사는 버티컬 확장의 역사라 할 수 있다. 구글이 정교한 검색 엔진 알고리즘에서 비롯된 단순성, 유용성, 일관성에 중점을 둔 것에 비해, 네이버는 다양한 콘텐츠의 공급과 이를 편집, 선별하는 사람의 역량을 적극적으로 활용했다(Choi, Kim, & Yoon, 2014). 이는 네이버가 인터넷 산업 초기, 웹 자원이 부족한 상황에서 특정 도메인을 중심으로 당사자와 직접 계약을 맺으며 이용자 만족을 추구하며 성장한 과정과 관련되어 있다(이장우 · 김희천 · 김동재, 2015).

강조할 점은 네이버의 버티컬은 '상품'이 아니라 '비즈니스'의 버티컬에 가깝다는 것이다(엄지용, 2022. 4. 22). 버티컬 서비스는 여러 분야가 아니라 특정 카테고리의 상품만을 전문적으로 판매하는 형태를 말한다. '백화점'이 아니라 '전문몰'을 떠올리면 된다. 그러나 네이버가 정의한 버티컬은 전문몰에만 한정되지 않는다. 2022년 최수연 네이버 대표는 코로나로 인한 이커머스 침체기를 극복하는 전략으로 "기존 SME향 스마트스토어의 성장을 이을 버티컬 커머스 서비스 라인업을 지속적으로 확충"할 계획임을 밝힌 바 있다. 이때 버티컬 커머스 서비스는 B2C 마켓플레이스 '브랜드스토어,' 라이브 커머스 '쇼핑라이브,' 오프라인 매장 중개 서비스 '장보기,' 타인을 위한 커머스 '선물하기,' 심지어는 판매자 지원 솔루션인 '정기 구독'도 포함된다(엄지용, 2022. 4. 22). 한 분야의 상품을 다루는 것이 아니라 관련 비즈니스들을 연결해 가치를 만들어 내는 관련 비즈니스들을 연결해 가치를 만들어 내는 전략을 버티컬로 규정하는 셈이다.

이러한 이유로 버티컬 전략은 네이버가 지닌 서비스의 종합성과 충돌하지 않는다. 특정 '상품'을 분리해 판매하는 것이 아니라 콘텐츠, 엔터테인먼트, 커머스 등의 영역별로 비즈니스의 '심도'를 높이고, 이를 재연결함으로써 궁극적으로는 네이버라는 플랫폼의 종합성을 높일 수 있다. 동일한 정책을 전 세계로 가져가는 글로벌 빅테크식 전략을 네이버가 사용하지 않는 점은 이러한 특성 때문일 것이다. 버티컬 확장을 위해 연결하는 비즈니스의 유형과 범위, 사업자가 국가나 문화별로 달라지기 때문에 현지 맥락에 따라 네이버 서비스는 다른 모습을 가지게 된다. 이 점은 네이버의 글로벌 현지화 전략을 통해 다시 설명한다.

현장 적응형 기회 추구 전략

버티컬 확장과 같은 전략은 네이버가 환경 변화에 지속적으로 대응하는 진화적 대응 방식, 즉 발생적 전략emergent strategy 중심의 비즈니스를 수행해 온 결과다(이장우 외, 2015). 네이버는 매력적 시장에서 방어적 포지션을 구축하거나, 구조화된 시장에서 모방 불가능한 자원을 기반으로 시장을 확대하기보다는 변화가 빠르고 모호한 시장에서 기회를 포착하고 생존한 서비스를 통해 성장하는 전략을 주로 수행했다. 성공적인 서비스들이 모두 이용자의 참여를 기반으로 하는 것은 이 때문일 것이다. 초창기 미흡한 국내 인터넷 환경에 적응하기 위해 네이버는 이용자에 눈을 돌렸고, 어떻게 하면 이용자가 만족할 수 있을까를 고민하다 지식iN, 블로그와 같은 고유 서비스를 개발했다. 이는 네이버의 조직 운영 방식에서도 드러난다. 네이버는 영역별 전문 조직을 중심으로 운영된다. 공식적 전략 기획 부서가 없고, 전략 수립은 개별 사업부에서 현장 경험을 기반으로 각기 스스로 진행한다. 비즈니스 측면에서 네이버는 '톱다운top-down'이 아니라 '보텀업bottom-up'의 과정을 거쳐 정립된 셈이다.

흥미로운 점은 이용자는 네이버의 정체성을 강하게 인

식한다는 것이다. 각기 다른 종류와 유형의 서비스가 제공되는데도 이용자들은 이를 총체적인 네이버의 서비스로 인식한다. 이는 네이버의 서비스 구조와 비즈니스 전략과 더불어, 다음에서 논의할 이용자 참여의 특징과도 관련된다.

이용자 참여의 특징: 관리되는 자발성

강력한 네이버 정체성 속에서 이용자는 매우 흥미로운 지점에 위치한다. 대부분의 네이버 서비스는 "이용자에게 전달되는 것a ready-made object"이 아니라 "이용자가 개입하고 만든 것a living creature"에 가깝다(조수용, 2009). 지식인이나 검색 광고도 이용자 참여 및 이용 데이터 관리 없이는 불가능한 서비스다. 콘텐츠를 '조회'하는 이용자를 넘어서 콘텐츠를 '생산'하는 이용자의 참여를 이끌어 내는 것이 필수인 방식이다.

다만, 이용자 참여는 네이버의 편집과 관리를 거쳐서 서비스화된다. 위키피디아로 대표되는 참여 서비스가 이용자를 생산자이자 '관리자'로 초대하는 시스템인 데 비해, 네이버는 이용자의 참여를 편집하여 정돈된 상태로 전달하는 네이버의 관리 역할이 필수적이다. 초기 네이버 서비스 운영이 광고주 담당보다 이용자 대상 서비스 활성화에 집중돼 있던 것도 이를 보여 준다(박철순 · 이준만 · 하송, 2007). 이용자 참여가 필수적이지만, 상품화를 위해서는 네이버가 반드시 개입하고 이용자도 이에 만족하는 흥미로운 상황이 연출된다.

보상 시스템은 네이버가 이용자 참여를 '관리'하는 대표 전략이다. 가령, 지식인 서비스는 이용자들의 참여를 촉진하기 위해 인간의 성취 및 인정 욕구를 적극적으로 활용한다. 지식인은 질문자가 여러 답변자 중 한 명에게 '내공'을 전달하고 답변자가 '내공'을 쌓으면 '등급'이 높아지도록 설계돼 있다. 등급은 19개로 세분되며, 내공 외에 채택 답변 수, 채택 답변율이 복합적으로 반영된다. 내공이 높은 답변자는 '명예 지식인'(현재는 '분야별 지식인')으로 별도 인정된다. 연구에 따르면, 이와 같은 성과 보상 시스템은 이타주의나 학습, 역량보다 더 강력한 지식인 참여 동기다(Nam, Ackerman, & Adamic, 2009). 순수한 자발적 참여는 간헐적이며, 높은 수준의 참여는 더 나은 성과와 상관관계가 높았다. 네이버에서 이뤄지는 이용자 참여를 자발적이고 능동적인 '집합 지성collective intelligence'의 구성 행위로만 이해하기는 어려운 셈이다.

이용자 참여가 보상 시스템에 의해 촉진되고 참여 콘텐츠가 편집자의 손을 거쳐 정돈되는 '관리 시스템'은 네이버의 초기 서비스 성공을 가능하게 했던 주요한 정책이었다. 이용자는 정보 생산자를 평가하고, 플랫폼은 이를 기반으로 정보 생산자의 권위를 인증한다. 이러한 이용자 참여의 촉진은 지식인을 넘어 다양한 서비스에서도 구현되어 왔다. 네이버 블로그의 우수 참여자에게 주었던 '파워 블로거'가 대표적인 사례다. 이제는 '네이버 인플루언서' 제도를 운영하며 통합 검색과 인플루언서 탭을 통해 인플루언서의 콘텐츠가 노출될 수 있도록 하는 방식을 선택하고 있다.

3. 네이버의 글로벌 진출 전략과 변화

지금까지 플랫폼으로서 네이버가 지닌 특징을 살펴보았다. 흥미로운 점은 네이버가 다양한 플랫폼들을 글로벌에서 서비스하는 과정에서 기존 네이버의 국내 서비스가 보여 준 주요 특징과는 다른 양상들이 나타나고 있다는 점이다. 여기서 특히 주목하는 바는 이러한 플랫폼들의 글로벌 진출이 '특정 영역을 중심으로,' '타깃 이용자층을 고려하여,' '철저한 현지화 전략을 통해' 이루어졌다는 점이다. 이는 현장을 중심으로 기회를 포착해 온 네이버의 비즈니스 전략을 계승하지만, 네이버가 국내에서 보여 준 종합 서비스이자 메가플랫폼의 특징을 강조하지 않는다는 점에서 주목할 만하다. 이러한 특징 속에서 이용자의 위치 또한 변화한다.

특화된 영역: 종합성의 약화

네이버의 글로벌 진출은 개별 서비스를 중심으로, 철저하게 틈새niche를 공략한 데 따른 결과다. 기업 또는 메가플랫폼 혹은 종합 서비스 네이버가 해외에 진출한 것이 아니라 라인, 웹툰, 제페토, 밴드(미국)나 웍스(일본), 크림Kream(일본) 등이 각각 개별 서비스로서 글로벌 혹은 특정 해외 시장에서 활발하게 서비스하고 있는 것이다.

잘 알려졌듯이, 네이버는 글로벌 대형 플랫폼과 정면 대결을 펼치는 대신, 특화된 영역에서 특정 이용자를 타깃으로 맞춤형 전략을 전개함으로써 해외 진출의 성공 확률을 높였다(정연승, 2022). 네이버가 제공하는 여러 서비스 중 글로벌 성과가 두드러지는 것은 콘텐츠 영역이다. 웹툰, 웹소설 분야에서 네이버의 성과는 독보적이며, 네이버 해외 진출의 첫 성공 사례인 라인도 콘텐츠 경쟁력이 시장 진출을 성공으로 이끄는 열쇠가 됐다. 각국 기업이나 문화에 맞게 자체 개발한 캐릭터 스티커(이모티콘)가 라인의 확산에 큰 역할을 했음은 잘 알려진 사실이다(박효·백혜진·정구현, 2014).

뉴스나 방송, 영상, 음악처럼 '레거시' 미디어가 주도하는 콘텐츠가 아니라 웹툰과 메타버스처럼 새로운 형식의 콘텐츠가 네이버의 해외 진출을 주도한다는 점도 주목할 만하다. 대표적으로 웹툰은 한국이 종주국인 콘텐츠로, 장르 형식과 문법, 생산 및 유통 시스템이 모두 한국에서 발전했다. 메타버스 또한 이전에는 없던 형식과 양식을 시도하는 중이다. 이들 콘텐츠 영역에서는 기존의 문법을 따를 필요가 없다. 형식과 시장이 새롭게 구성되는 콘텐츠 영역을 통해 네이버는 시장 지배적 사업자와의 경쟁이나 글로벌 표준을 우회하면서 해외 진출을 꾀할 수 있었다.

아울러 라인, 웹툰, 제페토 등이 모두 IP 활용이 가능하고 중요한 영역이라는 점도 눈에 띈다. 네이버가 수직적 확장을 통해 종합 서비스로서의 면모를 강화했던 국내에서와 달리 해외에서는 단일한 유형의 서비스나 사이트에 대한 수평적 확장에 더욱 공을 들이고 있다는 사실도 이 맥락에서 이해해 볼 수 있다. 가령, 네이버웹툰은 국내 웹소설 플랫폼 '문피아,' 일본 전자책 플랫폼 '이북 이니셔티브 재팬,' 북미 웹소설 플랫폼 '왓패드'를 인수·합병하며 몸집을 키우고 있다. 이는 다분히 웹툰 IP의 활용을 염두에 둔 결정이다. 특화된 영역을 중심으로 글로벌에 진출하고 수평적 인수 합병을 통해 몸집을 키워가는 과정에서 종합 서비스로서 네이버의 정체성은 엿보이지 않는다. 네이버의 현지화 전략을 만나면 이 점은 더욱 두드러지는데, 이에 대해서는 후술할 것이다.

특화된 이용자: 참여 극대화

도메인 특수성이 강하다는 말은 모든 이용자를 대상으로 할 수 없다는 뜻이기도 하다. 국내에서는 전 국민이 네이버 이용자라 해도 과언이 아니지만, 글로벌 진출 플랫폼은 Z세대를 타깃으로 공략한 서비스들 중심이다(정연승, 2022). 웹툰은

10~20대가 주 이용자고, 제페토는 이용자의 80%가 10대 청소년이다(백종성, 2022).

이용자가 특정 연령대로 집중되는 것은 글로벌 진출 서비스들이 이용자 참여가 필수적인 특성을 가지기 때문이다. 라인의 성공은 "전혀 예상하지 못한 지역에서 이용자들의 자발적이고 폭발적인 움직임"이 있었기에 가능했고(박효 외, 2014), 웹툰은 아마추어를 포함한 다양한 창작자(즉 서비스 이용자)의 참여와 댓글과 평가라는 이용자 활동을 통해 성장했다. 메타버스는 이용자가 구현한 '월드'에서 다른 이용자들이 어떻게 움직이고 상호 작용하느냐에 따라 내용이 달라진다. 크림과 같은 C2C(Customer to Customer), 즉 개인 간 상품 거래 플랫폼 역시 다양한 이용자의 참여가 필수적이다.

이들 서비스를 중심으로 글로벌 진출에 주력하는 모습은 참여를 통해 플랫폼을 채워 온 그간의 네이버 전략과 일맥상통한다. 특히 주목해야 할 점은 네이버가 보다 좁은 영역에서 특화된 이용자의 참여를 이끌어 내는 경험을 쌓아왔다는 것이다. 조금 더 좁고, 특징이 명확한 타깃 이용자들을 대상으로 새로운 시장을 개척해 나가면서 보다 특화된 영역에서, 특화된 이용자의 참여를 극대화하는 전략을 통해 글로벌 진출을 추진하고 있는 것이다.

철저한 현지화: 로컬 정체성의 획득

네이버의 주요 서비스들이 글로벌 진출에 성공한 또 다른 요인은 현지화 전략이다(김환표, 2013; 박효 외, 2014; 정연승, 2022 등). 네이버는 국내 서비스를 해외에서 똑같이 재현하는 방식이 아니라 현지 시장 수요에 가장 적합한 기술을 맞춤형, 모듈형으로 구성하여 현지 파트너와의 협력을 통해 최적의 솔루션을 제공하는 방식으로 해외에 진출했다(황병서, 2021. 3. 23). 네이버는 해외에 직접 진출해 기획, 생산, 판매 등을 모두 맡는 방식보다는 시스템, 도구, 데이터 등 솔루션을 해외 파트너 기업에게 제공하고 파트너 기업이 현지에서 사업의 주도적 역할을 맡는 일종의 '분권형 모델'을 통해 해외 진출의 유연성과 신속성을 확보했다(정연승, 2022).

라인의 해외 진출은 현지화 전략이 성공한 대표 사례로 꼽힌다. 성공 비결을 한마디로 압축하면 '로컬처럼 일한다'고 할 수 있다(강우민, 2014. 3. 25). 라인은 일본, 동남아, 중동에서 마케팅, 광고 모델 선정, 이용자 참여 방식 등 여러 측면에서 철저하게 서비스를 현지화했다. 현지 기업과 협력해 프로모션을 진행하거나 캐릭터 스티커를 각국 기업이나 전통문화와 결합해 제작한 것이 그 예다. 현지 국가 이용자들을 대상으로 FGI를 수행하는 등 현지 문화와 특징을 이해하려는 노력이 큰 역할을 했다(박효 외, 2014).

이처럼 적극적으로 현지화를 추구했기 때문에 글로벌 시장에서 네이버 플랫폼은 다른 나라의 서비스로 오해받기도 한다. 2024년 상반기, 일본 정부가 라인야후에 대해 '네이버와의 자본 관계 재검토'를 요구하는 행정지도 처분을 내렸던 사례는 표면적으로는 개인 정보 유출에 따른 것이지만 실제적으로는 라인이 메신저를 넘어 쇼핑·금융·오락 등을 포괄하는 현지의 생활 플랫폼으로 자리 잡았기 때문이다(황규락, 2024. 5. 16). "일본인의 생활 플랫폼을 일본 기업이 운영해야 한다"라는 일본 내 목소리는 라인이 서비스를 안착시키는 과정에서 얼마나 철저하게 현지화 전략을 실천했는지를 보여 준다.

이처럼 '모호한' 국적 정체성은 지배적 사업자가 아닌 위치에서 세계 시장을 공략하기 위해 국적보다 서비스를 앞세워야 한다는 목표를 반영하는 동시에, 적극적 현지화 전략의 결과물이기도 하다. 라인 캐릭터에 현지 전통 의상을 입히거나 라마단 기간에 맞춘 스티커를 선보이는 등의 현지화 과정에서 '한국'은 지워진다. 네이버의 해외 진출은 '탈네이버적'인 동시에 '탈한국적'인 셈이다. 이러한 모습은 글로벌 시장에 '표준적인,' 그리고 다분히 '미국적인' 서비스를 제공하며 진출하는 구글이나 메타의 전략과 확연히 대비된다. 네이버 플랫폼은 광범위하고 표준적인 의미의 '글로벌 서비스'가 정착한 사례가 아니라 특화된 영역을 중심으로 '글로벌 시장 내 로컬들'에 진출하면서 현지화를 통해 하나의 로컬 서비스가 새롭게 현지에 안착된 사례라는 점에서 특히 주목할 만하다.

4. 네이버, 플랫폼화, 글로벌화

국내에서 종합 서비스로 플랫폼을 키워온 데 비해 네이버는 특정 도메인을 중심으로, 이 영역에 대한 관심과 충성심이 강한 이용자의 관여와 참여를 적극 이끌어 내며, 여러 '로컬' 지역에서 현지 서비스처럼 자리 잡는 전략을 통해 글로벌에 진출했다. 웹툰이나 메타버스 플랫폼 등은 한국에서 만들어진 정보 상품만을 판매하기 위한 서비스가 아니다. 이 플랫폼은 현지 이용자들의 참여를 통해 '구성'되며 그 결과물은 나라마다 다르다. 이는 그간의 '플랫폼화' 논의가 비판해 온 것과는 상이한 글로벌화의 양상을 보여 준다. 구체적으로, '패권–도전의 이분법을 넘어서고,' '플랫폼이 탈국적화de-nationalization되며,' '이용자를 대상화하지 않는다'는 점에 주목할 수 있다.

글로벌 플랫폼에 대한 비판적 논의

글로벌 플랫폼에 대한 비판적 학술적 논의 중 대표적인 개념으로 '플랫폼화Platformization'를 꼽을 수 있다. 플랫폼화는 플랫폼을 단순한 기술이 아닌 문화 매개자mediator(van Dijck, 2013)로 바라보고, 이의 파급력에 주목하는 이론이다. 대표적으로 데이비드 니보그David Nieborg와 토머스 포엘Thomas Poell(2019)은 플랫폼화를 "디지털 플랫폼의 경제적, 거버넌스적, 인프라적 확장이 웹 및 앱 생태계에 침투하여 문화산업의 작동에 근본적으로 영향을 미치는 것"이라고 정의함으로써,[2] 플랫폼을 기술뿐 아니라 정치 경제적 차원을 포괄하는 개념으로 확장했다.

플랫폼화 논의는 다양한 주제를 다루지만, 플랫폼이 미디어 권력의 해체할 만큼의 혁명적 힘을 가지는가, 아니면

2 니보그와 포엘의 논문이 실린 학술지 〈소셜 미디어+소사이어티*Social Media+Society*〉는 2019년과 2020년 두 해에 걸쳐 '문화 생산의 플랫폼화Platformization of Cultural Production'를 특집호로 다룬 바 있다. 수록된 논문들은 플랫폼화가 다양성과 창의성, 알고리즘 시대의 노동, 권력/자율성/시민권 관행의 주요 변화와 어떻게 관련되는지를 분석한다. 이를 통해 플랫폼이 문화 콘텐츠 제작, 배포, 수익 창출의 전 과정을 복잡한 방식으로 재구성하고 있으며, 이를 포괄적으로 이해하기 위해서는 시장, 거버넌스, 인프라 등 제도적 측면뿐 아니라 일상적 문화 관행도 고려해야 한다고 제안했다(Duffy, Poell, & Nieborg, 2019).

그 자신이 새로운 권력이 되고 있는가를 공통적으로 이야기한다. 대부분 논의가 후자인 비판적 관점을 취한다. 플랫폼 거버넌스 비판(Cunningham & Craig, 2019; Johnson & Woodcock, 2019; Sullivan, 2019)이나 플랫폼 가부장주의 비판(Petre, Duffy, & Hund, 2019), 플랫폼의 자기-관리, 자기-감시, 전문가 및 노동자-이용자를 자본화하는 방식 비판(Hesmondhalgh, Jones, & Rauh, 2019), 글로벌-로컬 맥락에서의 플랫폼 제국주의 비판(Jin, 2017; Steinberg, 2017) 등이 대표적이다. 이들 논의에 따르면, 오늘날 플랫폼은 문화적 권력을 가진다. 문화생산자 집단이 플랫폼에 제도적으로 의존할 뿐 아니라(Caplan & boyd, 2018) 이용자들에게까지 "플랫폼 체제platform regimes"가 작동하기 때문이다(Bodle, 2011; Bucher, 2012). 아울러 여러 학자는 플랫폼을 통해 빅테크 기업이 전통적 미디어 산업을 지배하는 규제 구조를 우회하면서 체계적으로 사회적 책임을 회피하고 있음을 비판한다(Gillespie, 2010; Napoli & Caplan, 2017). 이에 따르면, 플랫폼은 빅테크 기업이 미디어의 역할을 거부하는 수사이자 기민한 담론 장치에 다름 아니다.

패권-저항의 이분법 극복: 새로운 시장, 거버넌스, 인프라의 생성

그렇다면 네이버 또한 이러한 플랫폼화의 사례라 할 수 있을까? 국내에서 네이버가 거둔 성공에 대해서는 로컬 플랫폼이 국내 시장에서 미국 패권에 도전할 기회를 제공한 계기(김대원 외, 2015; Park, Jo, & Kim, 2014)이자 북미 중심 플랫폼 패권의 '반례反例'로 보는 시각(Jin, 2017)이 있다. 네이버의 성공을 한국이라는 지역에서 나타난 플랫폼화에 대한 도전 및 저항 사례로 이해하는 것이다.

그러나 이는 플랫폼 패권이 침투해 있는 로컬 시장에서 거두는 현지 플랫폼의 성과에 집중한 것으로, 글로벌 시장에서 로컬 플랫폼이 어떤 위치를 차지하고 있는가를 다루지는 않는다. 상술했듯, 네이버의 글로벌 서비스들은 네이버가 종합 서비스로서의 정체성을 지운 채 새로운 콘텐츠 영역을 중심으로, 타깃 이용자층을 겨냥해 글로벌 시장의 틈새를 공략한 결과물이다. 글로벌 수준에서는 네이버가 문화적 매개자의 역할을 수행하고 있다는 이유만으로 플랫폼화 담론의 비판 대상으로 보는 것은 다소 무리가 있다.

이는 네이버가 글로벌 현지에서 패권에 도전하는 대항 전술이 아니라 생성하고 우회하는 새로운 모델을 구축하고 있기 때문이다. 네이버는 메가플랫폼의 정체성으로 빅테크와 경쟁하는 대신 '종류가 다른 새로운 가게'를 열고 손님을 끌어오는 전략을 취한다. 이를 통해 네이버는 니보그와 포엘(Nieborg & Poell, 2019)이 플랫폼화 분석을 위해 제시한 세 측면 — 시장, 인프라, 거버넌스 — 에서 모두 새로운 모습을 만들어 가고 있다. 새롭게 시장을 개척하고, 새로운 인프라를 구축하며, 새로운 거버넌스가 작동하는 효과가 나타나는 것이다. 대표적인 사례로 네이버웹툰은 기존에는 존재하지 않던 완전히 새로운 시장을 세계 시장에서 개척함에 따라, 생산 양식과 패턴 측면에 웹툰의 인프라를 표준화, 정규화했다. 웹툰 플랫폼이 구동하는 콘텐츠 배열 알고리즘은 사실상 큐레이션 또는 편집권을 가지며 웹툰 생산, 유통에 대한 거버넌스를 행사하는 중이다(이상규, 2023).

이처럼 네이버의 글로벌 서비스는 로컬 서비스가 글로벌로 진출한 사례이지만 현지의 지배적 서비스에 대한 대항이나 저항이 아니라 새로운 영역을 만들어 나가는 방식을 취했다는 점이 특징이다. 물론, 특화된 영역과 이용자를 대상으로 서비스를 현지화하는 전략은 다분히, 그리고 철저하게 비즈니스적인 의사 결정에 의한 것이다. 그러나 이는 플랫폼화 권력에 균열을 내는 문화적 효과를 가진다. 그간 플랫폼화 논의는 북미 중심의 글로벌 지배력을 위주로 진행되었다. 이와 달리 네이버의 사례는 시장과 거버넌스, 인프라를 현지 맞춤형으로 생성한다는 점에서 새로운 플랫폼화의 모델을 제시해 준다.

탈국적적 글로벌화

네이버의 글로벌 진출 과정에서 '한국'이 강조되지 않는다는 점도 주목할 만하다. 철저한 현지화 과정에서 네이버는 의도적으로 '한국'을 지우고 정체성을 모호하게 남겨두거나 적극적으로 현지의 국가성을 덧씌운다. 웹툰이나 팬 플랫폼은 이른바 잘 나가는 K콘텐츠를 기반으로 하지만, 'K'를 강조하지도 않는다. 이들 플랫폼은 한국 작가의 작품이나 K팝을 판매하는 것이 아니라 현지 창작자의 참여, 그리고 이에 관해 이야기하는 이용자들의 활동을 촉진하는 것을 목표로 하기 때문이다. 한국이나 K는, 네이버가 아니라 네이버의 글로벌 성공을 이야기하는 학술과 산업, 언론계의 담론에서 이야기될 뿐이다.

그간 많은 학자가 플랫폼화 논의를 통해 글로벌-로컬 맥락의 제국주의 양상을 비판해 왔다. 미국에 기반을 둔 디지털 플랫폼이 현지의 하드웨어 구조는 물론, 이에 내재한 상업적, 문화적 가치를 지배하며 새로운 형태의 제국주의를 구축하고 있다는 것이다(Jin, 2017; Steinberg, 2017). 이와 달리, 네이버의 글로벌 서비스는 한국도, 'K'도 강조하지 않는다는 점에서 탈국적화된 글로벌화의 단면을 보여 준다. 네이버의 글로벌 서비스는 라인이나 웹툰처럼 현지에 따라 다른 특성을 보이며 '재국적화'되거나 제페토처럼 애초부터 글로벌 이용자를 대상으로 하며 '초국적화'된다. 글로벌화를 로컬의 반대 개념으로 이해하거나 국가주의의 확장으로만 바라보면 네이버의 글로벌화를 제대로 이해할 수 없다. 플랫폼이 글로벌로 확장되거나 로컬로 (재)맥락화되는 양상은 여러 가지로 나타날 수 있다. 네이버는 이를 보여 주는 좋은 사례다.

이용자 참여의 새로운 위치

플랫폼화 논의에서 이용자는 종종 권력의 대상물로 간주된다. 소비자 중심 플랫폼에서 이용자는 대상화되고, 제작자 중심 플랫폼에서 이용자는 상품화된다는 것이다. 플랫폼 자본주의나 창의 노동을 둘러싼 논의는 제작과 소비의 두 측면에서 플랫폼에 참여하는 이용자들이 플랫폼 권력에 의해 통제, 소외됨을 비판한다. 아울러, 플랫폼 권력에 저항해 이용자가 연대할 것을 제안한다(예를 들면, O'Meara, 2019). 소수자가 참여할 기회를 플랫폼이 제공해야 한다는 요구 등이 이에 해당한다.

라인, 웹툰, 제페토처럼 글로벌 시장에 진출한 네이버 서비스들은 커뮤니케이션과 콘텐츠 엔터테인먼트가 결합한 서비스라는 점, IP를 통한 확장을 염두에 둔다는 점이 공통적이다. 커뮤니케이션을 기반으로 새롭게 콘텐츠가 창작되고, 이용자들의 소통과 참여를 통해 IP 확장을 꾀한다는 점에서 네이버의 글로벌 플랫폼은 이용자 참여를 적극적으로 독려했던 국내 서비스의 특징을 계승하는 것처럼 보인다. 특히, 적절한 보상을 제공함으로써 창작자의 참여를 관리하고, 수용자 간 커뮤니케이션을 독려하는 네이버의 전략은 '무불 노동'의 논란을 피하고 이용자를 수동적 대상이 아니라 성취와 인정을 바라 적극적으로 참여하는 주체로 전환하는 계기로 작동한다.

물론, 이는 보다 '고도화된' 자본의 전략일 수 있다. 특히, 유료 이용자가 더 큰 권한을 가지는 구조가 작동하기 때문이다. 참여에 대한 인정과 평가에서 1인 1표가 1인 10표로 확대될 수 있는 구조에서 이용자는 언제든 '소비자 시민'으로 전락할 수 있다.

그런데도 이 독특성을 통해 네이버가 '생산하는 이용자'와 '조회하는 이용자'의 연결을 책임지며 플랫폼의 양면성을 극대화하고 있다. 이 구조는 새로운 참여 문화를 형성하며, 서구 문화 상품과 관행에 굳건히 고정되어 있던 창의creative 생태계에 변화를 가져오고 있다(Shim, Yecies, Ren, & Wang, 2020). 플랫폼화가 이용자 종속을 비판하는 것과는 달리 이용자가 플랫폼에 참여할 수 있는 방식은 다양하며, 네이버는 이의 단면을 보여 준다. 이용자를 권력의 대상물로 보는 틀을 벗어나 보다 다양한 방식의 이용자 참여를 고민해 볼 수 있는 계기를 이 사례를 통해 확인해 볼 수 있다.

5. 네이버와 플랫폼 한류

한국에서의 '플랫폼으로서 네이버'는 종종 여러 비판에 직면한다. 대표적으로, 원용진과 박서연(2021)이 네이버를 "메가플랫폼"으로 지칭하면서, 비대해진 네이버의 플랫폼 권력을 비판한 바 있다. 이들에 따르면 네이버는 끝없이 사업 영역을 확장하고 플랫폼을 연결해 "플랫폼의 플랫폼, 즉 메가플랫폼"으로 자리 잡았다(원용진·박서연, 2021). 콘텐츠를 넘어 쇼핑, 금융 등을 아우르면서 네이버는 일종의 플랫폼 생태계를 구성하고 있으며, 이를 가능케 한 원동력은 이용자 제작 콘텐츠를 사유화, 상품화하고 이용자의 참여 행위를 이윤화 과정에 포섭하는 정교화된 상업화 전략이다(한선, 2010). 연구자들은 이용자 활동 데이터를 전유하고 이들의 일상을 상업화함으로써 네이버가 플랫폼으로서 자신의 지위를 더욱 공고히 하고 거대 자본으로 증식하고 있다고 비판한다(김상민, 2022).

이러한 비판은 여전히 유효한 부분이 있다. 다만 네이버가 글로벌로 진출하는 과정에서 새로운 국면이 나타나고 있다는 점을 비판 시 고려할 필요가 있다. 이 과업에서 네이버는 국내에서처럼 시장 지배적인 사업자도, 시장 획일화의 권력을 지닌 주체도, 플랫폼들의 연결을 장악하는 메가플랫폼도 아니다.

네이버의 글로벌 진출과 '생태계 모델'의 형성

네이버가 글로벌 시장으로 '수출'하는 것은 무엇인가? 문화의 글로벌화와 관련해 그간 많은 관심을 받았던 것은 세계 시장에서 국산 콘텐츠가 잘 팔리는가 하는 점이었다. K팝이 유튜브 조회 신기록을 세우거나 '빌보드' 차트에 진입하고, 국산 영상물이 해외 영화제에서 수상하거나 넷플릭스에서 흥행한 사례가 종종 '한류'의 논의를 통해 성공적인 '한국 문화의 글로벌화'로 이야기됐다. 이들 콘텐츠는 콧대 높은 글로벌 플랫폼을 뚫는 K콘텐츠의 저력을 보여 주는 것으로 종종 이해된다.

이와 비교해 네이버의 글로벌 서비스는 커머스와 커뮤니케이션, 콘텐츠와 엔터테인먼트 영역에서 '직접' 무언가를 판매하는 것에 중점을 두지 않는다. 라인과 웹툰, 제페토와 위버스는 대화나 만화, 캐릭터나 스타가 아니라 이들의 창작을 가능케 하는 이용자의 참여를 매개하는 것에 집중한다. 다시 말해, 네이버는 현지에서 적합한 콘텐츠가 만들어질 수 있는 '구조' 자체를 글로벌화한다.

이 점에서 네이버의 글로벌 진출 사례는 플랫폼을 통해 '생태계'를 형성하는 모델로 새롭게 개념화할 수 있다. 네이버는 국내 서비스가 지니던 종합성의 강점 대신, 현장 적응을 통해 기회를 만들어 온 비즈니스 관행과 이용자 참여를 촉진하는 독특한 구조를 강조함으로써 콘텐츠 분야를 중심으로 글로벌 시장에서 성과를 거두고 있다. 네이버는 기존에 없었던 콘텐츠 생태계가 현지에서 새롭게 구성되도록 기술 역량과 비즈니스 모델을 고도화하고 이를 기반으로 이용자 참여를 극대화하는 데 집중했다. 이의 성과는 단순한 경제적 수익의 범위를 넘어선다. 웹툰 플랫폼이 국내 작품의 수출 통로보다 현지 창작자들의 새로운 데뷔 경로로서 더 큰 의미를 가지는 데서 보듯, 플랫폼의 진출은 새로운 인프라와 관계, 문화를 만들어 낸다. 글로벌 빅테크의 표준화된 방식이나 현지의 주류와는 다른 방식으로 창작자와 이용자, 콘텐츠를 연결하며 새로운 시장과 산업, 문화를 '구성'하는 것이다. 개별 콘텐츠나 완결형 플랫폼을 수출하는 것이 아니라 플랫폼이 진출하는 것은 글로벌 환경에서 나라마다 현지화된 형태로 새로운 콘텐츠 생태계를 구성하는 계기가 된다. 이는 네이버의 글로벌 진출 사례가 가지는 가장 큰 의의다. 네이버 글로벌 진출 사례에서 우리가 가장 주목해야 할 점이기도 하다.

물론, 네이버 사례가 플랫폼화 논의를 우회하는 지점들이 앞으로도 지속될지는 장담할 수 없다. 네이버의 현지 플랫폼들이 '메가플랫폼'으로서 권력을 획득할 수도 있기 때문이다. 가령, 네이버는 2020년 말, 네이버웹툰 본사를 미국 법인인 웹툰엔터테인먼트로 변경하고 해외 시장 확대 전략을 강조하고 있다. 이를 위해 네이버는 현지의 유사 플랫폼들을 병합하는 수평적 인수 합병 전략을 활용하고 있다. 이는 종합 서비스 네이버의 글로벌 진출을 꾀하는 것이라기보다는 웹툰을 '엔터테인먼트 메가플랫폼'으로 성장시키려는 계획으로 보인다. 만약 메가플랫폼 네이버웹툰이 탄생한다면, 우리는 네이버가 특정 서비스 중심의 글로벌화를 통해 플랫폼화를 우회한 이후 다시금 '플랫폼 권력'을 형성하는 사례를 마주하게 될 것이다. 글로벌 생태계 구성의 과정이 어떤 결과로 귀결될지 지켜볼 일이다.

네이버와 '플랫폼 한류'

'생태계 모델'의 글로벌화를 '콘텐츠 한류'에 견주어 '플랫폼 한류'라 부를 수 있을까? 만약 그렇다면 플랫폼 한류는 국산 플랫폼의 영향력이 확장된다는 차원을 넘어 플랫폼 생태계 구성의 글로벌-로컬 동학에 주목하는 개념이어야 할 것이다. 한류가 초창기 국산 대중문화의 해외 진출을 일컫는 단어에서 "세계화와 디지털 문화 시대의 초국적 문화 (수용) 현상"(홍석경, 2021)을 지칭하는 개념으로 진화했듯이 말이다.

네이버 플랫폼의 글로벌 진출을 '플랫폼 한류'라 부른다면, 이는 네이버 사례가 초국적 문화 생태계의 구성 및 플랫폼 글로벌화의 다양성을 보여 주는 계기가 되기 때문이다.

네이버 플랫폼의 글로벌 성과를 '토종' 플랫폼이 자국 시장을 장악한 후 글로벌 시장으로 확장한 결과물로 간주하거나 '한국 서비스의 성공,' '콘텐츠 글로벌 진출의 교두보' 또는 '플랫폼 제국주의에 대한 도전' 등으로 단순화하는 접근을 지양할 필요가 있다. 앞서 살펴보았듯, 글로벌 진출 과정에서 메가플랫폼으로서 네이버나 빅테크 플랫폼의 지배력은 제한적으로 작동하며, 현지화 과정에서 국가 정체성 또한 희석되기 때문이다.

네이버 사례는 특정 지역에서 권력을 행사하던 메가플랫폼이 글로벌화 과정에서 어떻게 탈중앙화, 탈국적화, 탈플랫폼화(재서비스화)하고, 현지에서 특정 영역을 다시금 중앙화하느냐를 보여 준다. 콘텐츠 한류 담론이 'K콘텐츠'의 성공을 넘어 글로벌 콘텐츠 산업의 다양화를 이야기하듯, 우리는 네이버 사례로부터 플랫폼화의 다양한 방식과 양상, 플랫폼의 분화 가능성과 복수성을 읽어 내야 할 것이다. '수용' 경험으로서 한류를 이해하기 위해 '한류의 지역학'이 필요하듯, 플랫폼의 글로벌화를 제대로 이해하기 위해서는 '플랫폼화 논의의 지역학'이 필요하다. 몇몇 플랫폼의 헤게모니를 벗어나 새롭게 플랫폼이 구성되는 사례를 분석하고, 플랫폼의 역사적, 지역적 특수성을 고려하는 것이 하나의 방안이 될 것이다(Steinberg, 2020).

네이버의 변화를 통해 본 '플랫폼 한류'의 가능성

이상의 논의를 통해 네이버라는 한국의 대표적인 플랫폼 서비스가 글로벌 시장에 진출하는 과정에서 나타나는 변화를 살펴보았다. 이를 통해 한국에서의 성장 과정에서 축적한 고유의 특징들이 글로벌 시장 진출 과정에서 일부는 유지되면서도, 새롭게 확장되고 진화하는 측면이 있다는 점도 확인할 수 있었다. 앞서 네이버의 글로벌 성공 사례가 콘텐츠 수출에 의존하지 않는다는 점, 그리고 한국에서 성공한 모습 그대로를 수출한 것이 아니라는 점을 언급한 바 있다. 그리고 한국에서 생산된 정보나 콘텐츠의 공급에 머무르는 것이 아니라, 국내에서의 성장 경험을 토대로 각국의 현지에 맞는 형태의 다양한 이용자의 참여 구조를 만들어 냈음을 확인한 바 있다. 이는 '상징의 생산 체계'를 각국 현지에 맞는 형태로 성공적으로 '적응시킨' 과정이란 점에서, 1장에서 검토한 확장된 한류로서의 '플랫폼 한류'와도 연결된다.

이때 실제 상징의 생산 체계가 어떻게 해외로 확장되며 진화했는지는 보다 구체적인 플랫폼의 사례를 통해 확인해 볼 필요가 있다. 이를 위해 3, 4, 5장에서는 웹툰, 팬 플랫폼, 메타버스 등 다양한 한국 플랫폼의 글로벌화 사례를 검토하고, 6장에서 종합적으로 플랫폼 한류의 논의를 보다 구체화할 것이다.

3장

플랫폼 중심의 웹툰 생태계는 어떻게 진화했는가

1. 웹툰 플랫폼의 글로벌화란 무엇인가

한국 웹툰 산업은 지난 20여 년간 드라마틱하게 성장해 왔다. 그 성장에 주목할 수밖에 없는 이유는 그 파급력이 단지 디지털·온라인 만화라는 특정 장르를 넘어서 영화, 드라마, 애니메이션, 게임, 캐릭터 등 다른 영역에까지 광범위하게 확장되었기 때문이다. 웹툰은 오늘날 콘텐츠 IP(Intellectual Property, 지식 재산) 비즈니스를 대표하는 원천 콘텐츠로서, 플랫폼과 함께 기존 미디어·콘텐츠 산업 구조 및 시장의 재편을 주도하는 구심점이 되고 있다.

우선, 규모로 보면 한국 웹툰 산업 시장은 2022년 기준 약 1조 8,290억 원으로 2017년 이후 5년간 약 4배 이상 성장했다(한국콘텐츠진흥원, 2024. 1a). 웹툰 태동기인 2003년 연간

37편에 불과했던 웹툰 생산량은 지난 20여 년간 꾸준히 증가해, 2015년 이후 연간 1,000편 이상 만들어지기 시작했고, 2019년을 기점으로 누적 1만 편을 초과했다. 이와 같은 성장세가 지속되며 2021년 한 해 동안 연재된 작품은 8,283편, 등록된 웹툰 작가 수는 9,326명을 기록했다(양지훈 외, 2021). 이와 함께 2020년을 기점으로 국내 만화 산업 내에서 웹툰으로 대표되는 온라인 만화 제작·유통업 비중이 출판 만화를 추월했고, 2015~2021년 사이 만화 산업 전체 수출액은 약 2.8배, 무역 수지는 3.3배 규모로 증가했다(키움증권, 2023. 4).

국내 웹툰 산업의 급격한 성장은 해외 시장 확대로 이어지고 있다. 전 세계 웹툰 시장은 2022년 약 50억 6,000만 달러 규모에서 연평균 36.8%씩 성장해 2030년 849억 3,000만 달러까지 증가할 것으로 전망되었다(박지민·안상현, 2023. 12. 5; Skyquest, 2022. 11). 2022년 기준 일본 디지털 만화 시장의 약 80%를 한국 웹툰 플랫폼이 차지하고 있다는 분석도 나왔다(최유진, 2022. 10. 22).

시장 확대라는 양적 측면 외에 질적 차원에서도 한국 웹툰은 진화를 거듭해 왔다. 특히 지난 10여 년간 영화와 드라마 원작으로 널리 활용되었으며, 2020년대 들어서 넷플릭스, 디즈니+ 등 글로벌 OTT(over the top) 영상으로 제작되며 세계적인 주목을 받고 있다. 이제 방송, OTT, 극장 어디에서든 화제가 되는 영상 콘텐츠 중 웹툰 원작이 아닌 것을 찾아

보기 힘들 정도가 되었다. 2024년 기준으로 〈살인자 ㅇ난감〉, 〈정년이〉, 〈조명가게〉, 〈스터디룸〉, 〈지옥〉(시즌 2) 등의 드라마들이 웹툰을 원작으로 제작되었다. 마치 콘텐츠의 금맥처럼 한국산 콘텐츠의 세계관, 캐릭터, 스토리를 대표하는 장르로 인정받는 것이다. 2000년대 초중반까지만 해도 웹툰은 일부 청소년만 좋아하는 일종의 하위문화로 여겨졌으나, 이제 K팝 못지않게 글로벌 대중문화의 한 범주를 당당하게 차지하게 되었다고 볼 수 있다.

웹툰 산업에 대한 탐구는 단지 하나의 콘텐츠 장르에 대한 연구로만 한정 지을 수 없다. 그 형성 및 성장 과정에서 플랫폼과 IP 비즈니스라는 영역과 함께 진화해 왔기 때문이다. 특히 웹툰이라는 콘텐츠의 장르적 형식과 문법을 비롯해 그것이 생산, 유통, 서비스되고 이용되는 모든 시스템은 한국이라는 맥락에서 탄생했다는 점에 주목할 필요가 있다. 즉 한국이 웹툰의 종주국이며, 웹툰 산업 및 비즈니스에 대한 글로벌 표준을 만들어 왔고, 그것을 전 세계에 확산시키고 있다. 그리고 그 중심에는 네이버와 카카오로 대표되는 플랫폼이 자리 잡고 있다. 이 점에서 웹툰 글로벌화 사례는 국내의 '생산 체계'가 해외로 확산된 플랫폼 한류 사례라 할 수 있다.

웹툰이 그간 진화를 거듭해 오며 오늘날과 같은 고도화된 산업으로 성장해 온 데에는 뛰어난 창작자들의 역량도 중요했지만, 산업적 관점에서 보자면 플랫폼의 역할이 결정적이었다고 볼 수밖에 없다. 한때 포털로 불리기도 했던 이 플랫폼들은, 이른바 '플랫폼화platformization' 과정을 통해 본연의 영역이었던 중개 및 유통을 넘어 스스로 콘텐츠 기획과 제작, 매니지먼트, 유통, 네트워크, 서비스 영역들을 모두 통합해 가며 기존의 가치 사슬 구조를 바꾸어 놓았다. 그런 점에서 웹툰은 오늘날 문화산업의 구조 변화를 보여 주는 대표적인 사례이자, 특히 미국 중심의 대형 글로벌 플랫폼이 아닌 '로컬 플랫폼'과 창작자들을 중심으로 완전히 새로운 시장 및 생태계를 형성했다는 점에서 의미가 있다.

이는 다른 콘텐츠 영역과의 차별성을 보여 주는 부분이기도 하다. 그동안 'K-' 접두사가 붙은 대부분의 '한류' 담론은 주로 콘텐츠 또는 대중문화예술인의 글로벌 진출이나 수출과 관련한 내용들로 점철되어 왔다. 그러나 웹툰은 '콘텐츠'의 수출을 넘어서 '플랫폼' 자체가 글로벌화된다는 점에서 의미를 갖는다. 이때 플랫폼의 글로벌 진출 또는 글로벌화라는 것의 의미는 특정 콘텐츠나 서비스의 수출, 판매 차원을 넘어서 새로운 생산 및 유통 방식, 새로운 생태계 구조, 새로운 비즈니스 관행, 새로운 거래 관계, 새로운 문화 등을 함축한다.

이러한 시각을 바탕으로, 이 장은 한국 웹툰 플랫폼의 글로벌화 양상과 그 의미에 대해 논의하고자 한다. 먼저 웹툰 플랫폼이 오늘날과 같은 형태로 글로벌화되기까지 성장을 거듭해 온 배경과 핵심 요인이 무엇이었는지 살펴보고, 한국 웹툰 생태계의 특이성에 대해 되짚어 본다. 이어서 웹툰 플랫폼이 글로벌화되는 과정에서 어떤 변화가 나타나고 있는지 상세히 검토한다. 끝으로 웹툰 플랫폼의 미래를 전망하며, 관련된 쟁점 및 과제들에 대해 살펴보고자 한다.

2. 한국 웹툰 생태계의 형성과 변화

웹툰 산업의 성장 과정

한국 웹툰 산업의 초기 역사는 1990년대 말에서 2000년대 초반 사이 출판 만화 산업이 쇠퇴하기 시작했던 상황에서 출발한다. 당시 한국은 외환 위기로 인해 국가 경제가 위태로웠고, 다른 한편으로는 일본 대중문화 시장이 개방되면서 특히 만화 분야는 치열한 글로벌 경쟁에 직면해야 했다. 그러던 중 2003년 포털 다음의 '만화 속 세상,' 2004년 네이버의 '웹툰' 등 온라인 포털 플랫폼을 중심으로 디지털화된 온라인 만화 즉 웹툰의 초기 형태가 만들어졌다. 이것은 당시 급격하게 발달한 한국 인터넷 인프라와 온라인 커뮤니티 문화를 배경으로 한 것으로, 개방성과 쉬운 접근성이 특징이었다. 이후 디지털 기술을 활용한 만화 창작과 유통은 더 확산되기 시작했고, 생산자나 이용자 모두 웹툰에 쉽게 접근할 수 있게 되었다.

이 시기를 지나 2010년대에 접어드는 사이, 다음과 같은 웹툰의 주요 속성과 형식적 특징이 정립된다(양지훈 외, 2021; 한창완, 2021; 박인하, 2022). 첫째, 웹툰은 형식적인 차원에서 디지털 모바일 디바이스에 최적화된 표현 양식을 갖는다. 오늘날 모든 웹툰은 웹 또는 모바일 앱을 통해 경험되며, 올컬러 및 세로 스크롤 형태의 연출과 UI(User Interface)를 특징으로 한다. 기존 만화가 '책'을 기반으로 좌우로 펼쳐지는 프레임에서 만들어진 것이었다면, 웹툰은 처음부터 웹페이지 또는 모바일 앱에 적합한 세로 스크롤 형식 속에서 만들어졌다. 이는 기존 출판 만화와는 차별화된 새로운 문법을 탄생시켰고, 빠른 내용 전개를 가능하게 했다.

둘째, 생산 및 유통의 리듬 차원에서 볼 때, 웹툰은 매주 한 편씩 연재되는 빠른 제작 및 유통 주기를 갖고 있으며, 다양하고 풍부한 레퍼토리와 작가·인력이 그것을 뒷받침하고 있다. 메이저 플랫폼에서 유통되는 웹툰 작품들은 회당 최소 60~70컷 규모로 제작되며, 요일 단위로 인기 작가들의 작품이 적절히 배치된다. 예컨대 네이버웹툰의 경우, 요일별로 매일 80~90편에 이르는 작품들이 주기적으로 제공된다(2024년 2월 기준).

셋째, 댓글과 평가 시스템을 전면에 도입함으로써 이용자들의 끊임없는 참여를 유도하며, 이것을 통해 작가와 독자 사이의 활발한 상호 작용을 장려한다. 또한 이용자들의 피드백과 별점, 투표, 조회 수 등을 지표화하고 이를 작가 및 작품에 대한 `평가에 반영하여, 작가 등급을 분류하는 고도화된 경쟁 시스템을 구축했다. 웹툰 제작사와 플랫폼, 그리고 작가들은 SNS, 블로그, 온라인 커뮤니티 등을 통해 독자들에게 끊임없이 작품을 홍보하고 소통하려고 노력한다.

넷째, 웹툰은 애니메이션 효과, 배경 음악 삽입, AI 기술, AR/VR 등 다양한 신기술을 활용하여 새로운 표현 방식을 실험해 왔으며, 다양한 소프트웨어 도구들을 활용하여 업무의 자동화 및 효율화를 추구해 왔다. 이는 좀 더 쉬운 편집과 수정, 배경 및 소품 등 리소스의 효율적인 공유와 재활용을 가능하게 했다. 이처럼 플랫폼이 만들어 준 비즈니스 기회와 디지털 기술을 적극적으로 활용함으로써, 만화가 변화한 미디어 환경 속에서 새로운 형태로 생존할 수 있게 만들었던 것이 바로 웹툰이었다.

한편, 최근 10여 년간 웹툰의 성장 과정은 포털 플랫폼 외에도 웹툰 전문 플랫폼의 등장과 수익 모델의 다각화로 특징지어질 수 있으며, 이는 궁극적으로 웹툰 IP를 원천 콘텐츠로 하는 IP 비즈니스의 고도화로 이어졌다. 포털 플랫폼이 주도하던 이전 시기, 즉 2000년대 웹툰 산업의 주요 비즈니스 전략은 '포털의 이용자 트래픽'을 증가시키는 것에 초점이 맞춰져 있었다. 초기 웹툰은 그 자체로 판매되는 것이 아닌 공짜로 제공되는 것이었으며, 웹툰을 보기 위해 유입된 이용자들이 포털 사이트에 머물면서 다양한 활동을 하도록 유도하기 위해 활용되었고, 이는 궁극적으로 포털의 광고 수익을 높이는 데 직간접적으로 활용되었다.

이후 2010년대 들어서 한국 웹툰 산업계는 스마트폰 보급, 모바일 애플리케이션 생태계 확대를 배경으로 비즈니스 모델의 혁신적 변화를 맞이하게 된다. 특히 레진코믹스 등 웹툰 전문 플랫폼들이 등장했고, 이들은 광고 중심의 수익 모델에서 벗어나 기존의 포털 플랫폼이 추구하지 않았던 유료화 모델을 과감하게 도입하여 시장에서 긍정적 성과를 거두었다. 이후 대다수 플랫폼에서 다양한 형태의 유료화 또는 부분 유료화 모델을 도입했고, 광고 방식도 다각화하기 시작했다. 또한 웹툰 IP 기반의 라이선싱 비즈니스가 확대되었고, 웹소설, 웹드라마 등 인접 장르와 연계시키는 트랜스미디어 또는 콘텐츠 프랜차이즈 전략이 두드러지기 시작했다(Pyo et al., 2019; 박인하 외, 2022).

플랫폼 중심의 웹툰 생태계 형성

오늘날 한국 웹툰 산업 생태계는 작가, 에이전시, 스튜디오,

그리고 플랫폼을 중심으로 형성되어 있다. 웹툰 작가는 출판 만화 시절 유명 작가와 사제 관계를 맺으며 데뷔 기회를 기다렸던 문하생 제도와는 완전히 다른 방식으로 작품을 창작하고, 대부분 프리랜서로서 에이전시, 스튜디오 또는 플랫폼과의 계약을 통해 웹툰 시장에서 활동한다. 2023년 웹툰 작가 실태 조사에 따르면, 작가들 작품 연재 관련 계약 상대의 52.3%는 플랫폼이었으며, 에이전시(32.0%), 스튜디오(11.3%) 순으로 나타났다(한국콘텐츠진흥원, 2024. 1b). 웹툰 작가는 단독으로 모든 작업을 진행하기도 하지만 글 작가, 그림 작가로 분류되기도 하며, 어시스턴트라 불리는 보조 작가들은 배경, 캐릭터, 채색 등 일부 작업을 분담하는 역할을 맡는다.

에이전시는 웹툰의 기획 및 제작, 유통을 지원하면서 비즈니스 경로를 확대하고 수익화하는 사업체를 말한다. 이들은 웹툰 작품을 플랫폼에 공급하고 계약을 대행하는 유통업자들이며, 일부 회사들은 작가 전속 계약을 포함한 매니지먼트 비즈니스를 함께 운영한다. 스튜디오는 웹툰 프로덕션을 수행하는 주된 형태로서, 마블이나 DC 스튜디오와 같이 웹툰의 기획 및 제작 과정을 세분화하고 부문별 작가와 전문 인력들을 고용하여 콘텐츠를 제작하며, 플랫폼이나 에이전시에 납품하는 역할을 한다. 유명 작가가 자신의 작품 제작을 위해 제작팀을 설립하는 경우도 있지만, 한국에서는 독립적인 스튜디오가 드물고 주로 대형 플랫폼이나 에이전시 산하 조직의 형태로 존재한다(양지훈 외, 2021).

최근에는 웹툰 에이전시의 역할이 확대되어 기획, 작가 섭외, 매니지먼트, 제작, 홍보 등 모든 과정을 총괄하는 사업체들이 늘었고, 에이전시와 스튜디오가 결합한 형태의 비즈니스가 확대되는 추세다. 예컨대 디앤씨미디어, 키다리스튜디오, 미스터블루 등의 경우 자체 플랫폼을 운영하기도 한다. 이런 경향을 반영하여, 최근 웹툰 산업계나 연구자들은 에이전시와 스튜디오 프로덕션을 합쳐 웹툰 CP(Content Provider)라고 통칭하고 있다.

한편 플랫폼은 웹툰 콘텐츠를 유통하는 업계의 상위 사업자로서, 한국에서는 대형 포털 플랫폼이 시장을 주도하고 있으며, 일부 웹툰 전문 플랫폼들도 성장해 왔다. 일정 규모 이상의 플랫폼들은 거래나 유통을 넘어서 작가를 직접 발굴, 육성하고 프로젝트에 투자하거나 직접 스튜디오를 설립하는 등 웹툰 사업 전반으로 비즈니스를 확대해 왔다. 웹툰은 기본적으로 작가가 창작하는 것이지만, 현재와 같은 생태계 구조를 만들어 낸 데는 이들 플랫폼의 역할과 영향력이 크게 작용했다고 볼 수 있다. 즉 오늘날 웹툰 산업 생태계의 중심에는 플랫폼이 자리 잡고 있으며, 플랫폼을 중심으로 작가, 에이전시와 웹툰 이용자, 그리고 예비 작가군, 광고주가 연결되어 있다. 조금 더 넓혀 보면 드라마, 영화, 게임, 캐릭터 등 2차 판권 시장과 해외 수출 시장까지 포함되는 것으

그림 3 웹툰 생태계의 구조

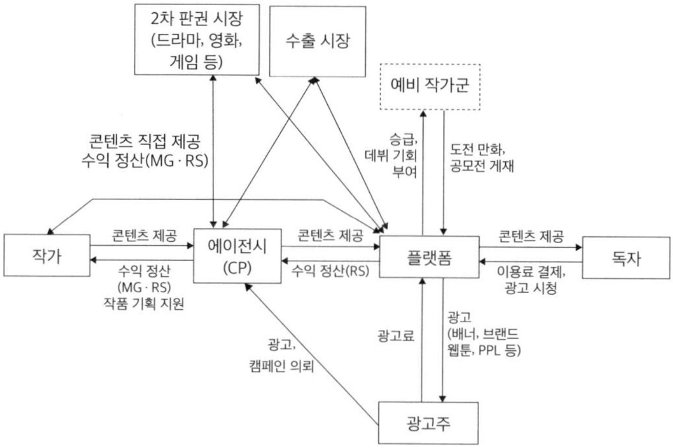

출처: 유안타증권, 2021. 1.

로도 파악할 수 있다. 그림 3은 웹툰 생태계 구조와 주요 거래 관계 및 상호 작용을 보여 준다.

최근 웹툰 산업의 변화

플랫폼을 중심으로 웹툰 산업 생태계 구조가 형성된 이후에도 웹툰 산업은 변화를 거듭하고 있다. 최근의 흐름은 크게 세 가지 차원으로 정리할 수 있다.

첫째, 웹툰 원작을 활용한 IP 비즈니스가 고도화되고 있다. 과거에는 《이끼》, 《내부자들》처럼 웹툰 원작을 활용한 영화나 《미생》 같은 드라마처럼 웹툰이 성공한 뒤에 그것을 확장해 OSMU(One Source Multi Use) 형태로 활용하는 것이 일반적인 전략이었다면, 최근에는 《이태원 클라쓰》, 《재벌집 막내아들》, 《나 혼자만 레벨업》 등과 같이 처음부터 웹툰 또는 웹소설 원작의 IP를 바탕으로 단행본 출판 만화, 드라마, 애니메이션, 게임 등 다양한 장르의 콘텐츠를 동시에 생산해내는 트랜스미디어 스토리텔링trans-media storytelling 또는 콘텐츠 프랜차이즈contents franchise 전략이 적극 활용되고 있다. 《그해 우리는》, 《이상한 변호사 우영우》의 경우 드라마 상영 중 웹툰 연재가 동시에 진행되기도 했고, 영상 콘텐츠 외에도 《그대를 사랑합니다》, 《나빌레라》와 같이 연극, 뮤지컬 등 공연 예술 분야에서도 웹툰 원작이 적극 활용된 바 있다.

둘째, 웹툰 생산의 대형화 및 분업화 추세가 나타나고 있다. 그 대표적인 양상이 CP 영역 및 스튜디오 프로덕션의 확장이다. 본래 웹툰 에이전시는 개인 창작자를 비롯한 IP 보유자들을 대신해 라이선싱 관련 계약을 대행하는 사업체였지만, 점차 작가를 발굴 및 육성하는 매니지먼트로 사업을 확장했고, 최근에는 독자적으로 콘텐츠를 기획 및 제작하는 단계까지 포괄하는 사례가 많아지고 있다. 즉 에이전시 및 제작 영역이 중첩된 CP 부문이 산업 내에서 확장되는 것이다. CP가 증가하게 된 주요 배경으로는, 플랫폼이 IP를 안정적으로 확보하기 위한 전략을 펼침에 따라 중간 영역에서 활동하는 제작 및 유통사들에 대한 직접 투자가 늘어났다는 점을 꼽을 수 있다(오경미, 2022). 결국 그 주된 목적은 경쟁력 있는 IP의 발굴 또는 개발을 통해 각 CP 또는 플랫폼이 IP 비즈니스를 체계적으로 확대해 갈 수 있는 발판을 마련하는 데 있다.

CP 영역의 확대는 곧 웹툰 제작의 전문화, 분업화, '블록버스터화'(박인하, 2022)가 진행된다는 것을 의미한다. 풀어서 말하면 예술가적 정체성을 가진 개인 창작자가 자신의 이름이 들어간 작품을 온전하게 그려 내는 개념을 넘어서, 마치 영화나 방송 콘텐츠를 만들어 내듯, 여러 작가가 철저하게 분업화된, 효율성과 생산성을 극대화시킨 시스템 속에서 콘텐츠를 만들어 내는 방식이다. 이에 따라 기획 PD, 제작 PD 등을 비롯해 전문화된 작가 영역들이 생겨나고 인력 구조는 더욱더 분업화, 세분화되는 양상을 보이기 시작했다. 또한 기존의 웹툰 제작 및 유통 사업자들 간의 경계가 무너지고 기능적으로 융합되는 양상이 두드러지기 시작했다. 말하자면 웹툰 업계에서 여전히 개인 창작자 기반의 제작 방식이 큰 비중을 차지하며 유지되고 있지만, 다른 한편으로 웹툰 시장 자체가 성장하고 산업적 고도화가 진행됨에 따라서 훨씬 '제조업'에 가까운 형태의 조직적이고 기업화된 제작이 늘어나는 것이다.

셋째, 네이버, 카카오 등을 비롯해 한국에서 형성된 웹툰 플랫폼 자체의 글로벌 진출이 본격화되고 있다. 그 과정에서 한국 플랫폼들이 주도하는 다양한 형태의 인수 합병, 투자, 제휴·협력 등이 이어지면서 웹툰을 중심으로 한 글로벌 비즈니스 네트워크가 확대해 왔다. 네이버의 경우 자사 글로벌 플랫폼에서 연간 거래액 1억 원 이상을 기록한 웹툰·웹소설 작품이 2013년 1편에서 2022년 904편으로 증가했으며, 2022년 기준 네이버웹툰 글로벌 플랫폼 이용자 8,900만 명 중 77%가 해외 독자였다. 또한 국내에서 정식 연재되는 네이버웹툰의 52%가 해외에 수출되었으며, 누적 조회 수 10억 회를 돌파한 작품도 40편에 이른다(최은수, 2023. 7. 6). 카카오의 경우 일본에 출시한 픽코마 앱 서비스가 일본 만화 앱 시장의 50% 이상을 점유하며, 누적 다운로드 4,000만 건에 월간 활성 이용자 1,000만 명을 확보한 것으로 알려졌다. 2023년 10월까지 누적된 전 세계 출판 앱 매출 순위를 보면 1위 픽코마(카카오픽코마), 2위 라인망가(네이버웹툰), 3위 오더블(아마존), 4위 네이버웹툰, 5위 카카오페이지(카카오엔터테인먼트) 등으로 나타났으며(안상현, 2023. 12. 5), 2024년 상반기 아시아 태평양 퍼블리셔의 비게임 앱 수익 순위에서 1위 틱톡에 이어 픽코마는 5위, 라인망가는 6위에 올랐다(센서타워, 2024. 8. 28). 이처럼 한국에서 시작된 웹툰 플랫폼이 글로벌 시장을 주도하는 양상이 이어지고 있다.

3. 플랫폼을 통한 웹툰 산업의 진화

웹툰 플랫폼의 성장과 산업의 변화

지금까지 검토한 바와 같이 웹툰 생태계가 지금과 같은 구조를 갖추게 된 데에는 플랫폼 비즈니스가 결정적인 영향을 미쳤다. 따라서 웹툰 산업 생태계의 구조적 특성을 체계적으로 파악하기 위해서는 플랫폼이 웹툰 비즈니스를 어떻게 지금과 같은 형태로 빚어냈는가를 이해해야 한다. 이는 2장에서 검토한 바 있는 '플랫폼화' 관점에서 파악될 수 있다. 이것은 "산업 내 가치 사슬에서 유통을 맡고 있던 플랫폼이 점차 콘텐츠 생산과 유통 그리고 네트워크 영역까지 통합하며 영향력을 키워 가는 현상"으로 설명된다(원용진 · 박서연, 2021). 니보그와 포엘에 따르면 플랫폼화 양상은 시장, 인프라, 거버넌스의 세 가지 차원으로 분석할 수 있다(Nieborg & Poell, 2018). 국내 웹툰 산업이 플랫폼의 주도하에 성장하고 진화해 왔다는 점을 전제한다면, 플랫폼화의 세 가지 차원을 중심으로 웹툰 산업 생태계의 구조가 어떻게 형성되어 왔는지 심층적으로 이해할 수 있다.

첫째, 플랫폼화로 인한 시장 차원의 변화를 보자. 그동안 웹툰 플랫폼은 비즈니스 모델을 다각화하고 플랫폼을 중심으로 한 거래망을 크게 확대해 왔다. 이를 통해 단순한 양면 시장을 넘어 다면적인 시장 거래의 네트워크를 만들었으며, 결과적으로 기존에는 존재하지 않던 완전히 새로운 시장을 개척했다. 초기 웹툰은 그 자체로 수익을 발생시키는 콘텐츠가 아니었으며, 포털에서 많은 이용자를 확보함으로써 트래픽을 늘리고 광고 수익을 얻기 위한 보조적 수단에 불과했다. 그러나 이후 플랫폼들의 주도로 다양한 형태의 유료화 또는 부분 유료화 모델이 도입되기 시작했다. 메이저 플랫폼들에서 도입한 유료 모델로는, 예컨대 '첫 편만 무료,' '미리 보면 유료/기다리면 무료,' '24시간마다 무료 1회차 제공,' '소비자 맞춤형 이벤트 무료' 등이 있다. 광고 방식 또한 다양해져서, 일반적인 배너 광고 외에도 모바일 앱이나 웹 기반에 특화된 광고, 특정한 기업이나 제품의 홍보·마케팅을 목적으로 제작된 브랜드 웹툰, PPL, 플랫폼 내 가상 화폐를 활용한 보상형 광고 등 다양한 형태가 있다(양지훈 외, 2021).

웹툰 시장은 여기서 더 나아가 원작 IP를 활용한 영상, 게임, 캐릭터 등 IP 비즈니스 파트너들과 거래 관계를 확대하는 형태로 진화했다. 이처럼 한국 웹툰 플랫폼은 다양한 전략적 실험과 도전을 통해 웹툰 콘텐츠로 수익을 창출할 수 있는 효율적이고 강력한 비즈니스 모델을 적극적으로 만들어 왔다. 여기에는 플랫폼이 제공하는 편리한 거래 및 결제 시스템도 큰 역할을 했던 것으로 평가된다(Steinberg, 2020).

둘째, 플랫폼화로 인한 인프라의 변화는 웹툰 생산 양식의 표준화와 생산 패턴의 정규화로 요약될 수 있다. 이는 웹툰 제작 및 유통의 기술적 표준을 플랫폼이 제공하게 되면서 나타난 자연스러운 결과라 할 수 있다. 웹툰은 태생적으로 디지털화된 공정을 통해 만들어지고 웹과 모바일 앱을 통해 유통되는 형태로 특화될 수밖에 없었다. 이 과정에서 플랫폼을 중심으로 웹툰 생태계가 형성 및 진화하면서 플랫폼이 요구하는 기술적 형식과 틀에 맞춰 웹툰 제작과 유통의 기반이 특정한 표준으로 수렴해 갔다. 예컨대 네이버웹툰에 업로드하기 위해서는 스크롤 뷰가 가능한 형태로, 가로 690px, JPG 또는 GIF 포맷, 파일 용량 개당 2MB 이하, 회차별 총용량 20MB 이하 등의 형식적 표준을 지켜야 한다. 일반적으로 웹툰은 회당 최소 60~70컷 이상으로 제작되며, 연출 및 편집의 문법이나 관습 자체가 플랫폼에 특화된 형태로 다듬어져 왔다. 또한 매주 1편씩 특정 요일에 업로드되는 패턴이 만들어지고, 이것이 연재 및 서비스 루틴으로 정착됨에 따라서, 마치 방송 프로그램 편성처럼 독자들이 매 작품의 공개 시점을 기다리는 관습이 형성되었다. 다시 말해 생산 및 유통의 리듬과 패턴이 플랫폼 비즈니스를 중심으로 정규화된 것이다.

셋째, 거버넌스 차원에서 볼 때, 플랫폼은 웹툰의 생산 과정을 알고리즘과 데이터 기반의 생산·유통 시스템 내로 편입시키고 통제력을 발휘하기 시작했다. 플랫폼이 웹툰 콘텐츠를 구성 및 배열하고 서비스하는 주체로 자리 잡게 되면서 사실상 큐레이션 또는 편집권을 갖는 구조가 만들어졌다. 즉 플랫폼이 일종의 규제자regulator로서 시장에 자리 잡게 되면서 플랫폼 내 참여자들이 따라야 할 규칙을 만들게 된 것이다. 여기서 더 나아가 MG(Minimum Guarantee) 모델이나 다양한 형태의 수익 공유 모델을 제시함으로써 웹툰을 통해 창출된 수익을 참여자들 사이에서 배분할 수 있는 권한까지 자연스럽게 획득하게 되었다. 이는 보다 효율적인 콘텐츠 생산 및 유통 체계의 형성을 뒷받침해 왔고, 무엇보다 웹툰 콘텐츠 품질을 관리하는 도구가 되기도 했다.

웹툰의 플랫폼화에 대한 해석

웹툰 산업의 플랫폼화가 일으킨 변화는 결국 무엇일까? '플랫폼화' 개념 자체가 비판적 맥락에서 제기된 만큼, 관련 선행 연구들은 상당 부분 플랫폼화 양상을 비판적으로 해석해 왔다. 주요 비판의 근거로는 우선, 플랫폼 주도성과 플랫폼에 대한 의존성이 지나치게 강화되는 과정에서 시장 독과점과 불공정 거래가 발생한다는 점을 들 수 있다(김수철 · 이현지, 2019; 오경미, 2022; Jin, 2023). 또한 웹툰 생산의 표준화와 생산 패턴의 통제로 인해 노동 환경이 악화된다는 지적을 비롯해, 플랫폼이 이용자의 조회 수나 댓글, 평점 등을 취합하여 데이터화하고 알고리즘화된 시스템을 동원하여 고도화된 통제 권력을 행사함으로써 창작의 자율성을 침해하고 자기 착취를 발생시킨다는 비판도 있었다(양경욱, 2020; 최인이, 2020; 윤정향 외, 2021; 정두용, 2023. 5. 8).

그러나 플랫폼화로 인한 긍정적 변화도 있었다. 플랫폼화로 인해 웹툰이라는 콘텐츠를 통한 수익 창출의 기회가 확대되었고, 기존의 도제 시스템이나 정규 교육 등을 통해 체계적으로 전문성이나 커리어를 쌓지 못한 사람들도 도전 가능하도록 진입 장벽이 낮아져 수많은 아마추어 웹툰 작가들에게 기회가 생겨났다. 또한 자율적 창작 주체의 성장과 새로운 생태계의 형성이라는 측면도 간과할 수 없다. 즉 개인 예술가가 자신의 창작물에 대한 IP를 소유한 상태에서 비즈니스에 참여할 수 있게 되고, 이것이 원천 스토리 산업으로 성장함에 따라 에이전시, 스튜디오 등과 같은 시장 행위자들의 참여가 늘어났으며, 자유로운 주체들이 능동적으로 시장과 교섭하고 변화에 대응하며 자생적으로 수익을 창출할 수 있는 구조가 형성되었다(Kim & Yu, 2019; Lin & Kloet, 2019). 또한 네이버와 같은 플랫폼들은 앞서 제기된 불공정 거래나 노동 환경 이슈와 관련하여 각종 불공정 관행을 개선하거나, 표준계약서를 개정하고, 수익 정산 보고서를 작가들에게 제공하는 등 나름의 의지와 노력을 보여 왔고, 제작사 및 작가들과의 상생을 위한 협의체를 구성하여 운영하기도 했다(이은정, 2022. 2. 25).

되짚어 보면, 플랫폼화에 대한 기존의 비판적 연구들은 '독과점적 플랫폼 대 착취당하는 피해자 작가'와 같은 이분법적 관점에 기반하여 플랫폼의 탐욕과 권력화를 비판하는 유사한 형태의 논의들이 반복되는 양상을 보여 왔다. 플랫폼은 부와 권력을 더욱 독점해 가고, 다른 한편에서는 창작자들과 영세 사업체들이 플랫폼에 종속되면서 통제당하고 불공정한 계약 또는 열악한 노동 환경에 시달리고 있다는 논리다. 충분히 타당한 지적이지만, 문제는 이런 논의들이 지나치게 플랫폼의 주도성만을 강조함으로써, 일종의 플랫폼 결정론적 논의로 쉽게 귀결된다는 점이다. 이 과정에서 상대적으로 생태계 구성원들의 자생적 형성과 자발적 참여 과정, 예컨대 동의와 협력의 과정, 또는 주체성의 형성 과정에 대해 간과하는 경향이 강하며, 특히 웹툰과 관련해서는 문화적 차원에서의 특징적 요소에 대해 관심을 기울이지 않는다는 문제점 또한 발견된다.

이러한 점들을 고려할 때, 플랫폼화 논의에 대한 재평가 및 재해석이 필요해 보인다. 특히 기존의 플랫폼화 개념이 놓치고 있는 웹툰 산업 생태계만의 특이성, 특수성에 대해 입체적으로 살펴볼 필요가 있다. 특히 '플랫폼의 독과점과 착취 강화'라는 부정적 측면만 강조하는 기존 논의 구도에서 벗어나, 글로벌 만화 콘텐츠 시장에 진출한 '로컬 웹툰 플랫폼'

이라는 특수성과 '창작자 중심의 자생적 생태계'라는 차원에 대해서 주목할 필요가 있다. 그렇다면 생태계 구성원들의 자발적 참여, 자생적 형성, 교섭과 타협 등은 어떤 배경과 요인들 속에서 이루어졌을까? 만약 그것이 한국의 웹툰 산업을 지금까지 성장시키고 경쟁력을 갖게 한 요인들이라면, 구체적으로 어떻게 그렇게 될 수 있었을까? 이어서 한국 웹툰 생태계의 특이성을 검토해 보며 그 단서들을 찾아보도록 하자.

4. 한국 웹툰 생태계의 특이성

웹툰 생태계의 문화적 기반: 공동체성과 장르 및 서사의 다양성

한국 웹툰의 역량을 이해하기 위해서는 그 문화적 기원과 배경에 대해 되짚어 볼 필요가 있다. 초기 웹툰 생태계의 문화적 기반이 된 것은 인터넷 커뮤니티와 그로부터 잉태된 웹툰 팬덤이라 할 수 있다. 1990년대 외환 위기 국면에서 만화 잡지를 비롯한 출판 만화 시장이 몰락한 이후, 만화가를 꿈꿨던 창작자들은 개인 웹페이지나 온라인 커뮤니티 게시판 등을 통해 비공식적으로 작품 활동을 이어갔다. 이런 상황에서 당시 '포털'로 불렸던 다음, 네이버와 같은 플랫폼들은 인터넷 기반의 만화 연재 시스템을 도입하면서 쉬운 접근성과 개방성을 바탕으로 신진 만화 창작자들의 시장 진입 장벽을 낮추고 그들에게 도전 및 데뷔 기회를 제공했다. 이로써 아마추어 작가들은 기존의 도제 시스템에서 벗어나 스스로 자신의 작품을 공개하고 작가로서의 커리어를 만들어 갈 수 기회를 얻게 되었다. 포털 플랫폼은 기존의 만화 독자층 외에도 광범위한 인터넷 이용자들이 웹툰에 자연스럽게 접근할 기회를 열어 주었다는 점에서 초기 웹툰 생태계의 형성에 크게 기여했다(Yoon et al., 2015; Pyo et al., 2019).

과거 출판 만화 시대에도 열성적인 만화 팬들이 있었지만 독자와 작가 사이에 직접적이고 적극적인 소통은 잘 이루어질 수 없었다. 그러나 웹툰의 경우 처음부터 제약 없는 인터넷 공간이라는 '놀이터'를 배경으로, 아마추어 창작자들과 이용자들 사이에서 다양한 형태의 유희와 소통을 배경으로 부상했다(홍난지, 2021). 특히 이 과정에서 온라인 커뮤니티 게시물이나 댓글 등을 통해 독특한 정서와 문화적 코드들이 만들어지고 재생산되었으며, 한때 '폐인,' '잉여,' '병맛' 등 주변화되거나 소외된 청소년·청년의 자조적 이미지들이 웹툰을 통해 표현되기도 했고, '차도남'이나 '엄친아'와 같은 용어들이 탄생하기도 했다.

아마추어 웹툰 창작자들은 기존 출판 만화 산업의 편집부 시스템으로부터 자유로웠고, 인터넷 공간에서 창작자와 이용자, 즉 작가와 독자, 프로와 아마추어는 구별되지 않았다. 김풍, 이말년, 주호민, 기안84와 같은 유명 작가들이 초기에 온라인 커뮤니티 디시인사이드(DC) 카툰 연재 갤러리와 같은 인터넷 게시판에 작품을 연재하며 독자들과 소통했다는 것은 잘 알려진 사실이다. 이처럼 초기 웹툰은 독립적이고 자율적인 아마추어들의 전유물이었다. 또한 웹툰 작품을 매개로 창작자와 이용자들 사이에 적극적인 상호 작용이 활발하게 일어났으며, 웹툰에는 온라인 문화를 주도하는 젊은 세대의 감성과 문화적 트렌드가 즉각적으로 반영되어 왔다.

초기 웹툰 탄생의 배경 중 하나였던 온라인 커뮤니티 문화와 댓글 등을 통한 팬들의 참여는, 이후 플랫폼 인터페이스 차원으로 수용되어 보다 상업화·산업화된 환경에서도 마치 과거 인터넷 게시판과 유사한 형태로 작가에 대한 실시간 평가와 조언, 시나리오 제안 등이 활발하게 이루어지도록 하는 밑바탕이 되었다. 이러한 적극적인 수용자들의 소통과 참여가 웹툰의 저변을 강화하고 확장시켰다고 볼 수 있으며, 그것이 긍정적이든 부정적이든 팬덤 현상의 외부 효과를 통해 웹툰뿐만 아니라 작가들까지 스타덤에 오를 수 있게 하는 원동력이 되기도 했다. 이제 웹툰 작가의 팬이 된 독자들은 웹툰과 그 캐릭터 상품, 이후 파생되는 드라마, 영화 같은 콘텐츠까지 많은 관심을 기울이고 돈을 쓰고 있으며, 그에 힘입어 웹툰 IP 기반의 다양한 수익 모델들이 작동할 수 있게 된 것이다(한창완, 2017). 이러한 과정을 통해 웹툰 플랫폼은 초기 웹툰의 공동체적 속성과 참여 문화적 관행들을 자연스럽게 웹툰 생태계 내로 포용해 왔다.

한편, 한국 웹툰 생태계의 또 다른 특징으로 웹툰 발화 주체들의 다양성을 빼놓을 수 없다. 특히 초기 한국 웹툰의 두드러진 특징 중 하나는 일인칭의 자기 고백적 서사를 많이 활용했다는 점이다. 《폐인가족》(2003~2006, 다음 만화속세상), 《마린블루스》(2001~2007, 개인홈페이지), 《스노우캣》(2000~, 개인홈페이지), 《낢이 사는 이야기》(2007~2015, 네이버웹툰), 《마음의 소리》(2006~2020 네이버웹툰) 등의 작품은 이른바 '일상툰,' '생활툰'으로 불리며 작가가 직접 화자가 되어 자기 자신이나 주변 사람들의 이야기, 신변잡기적이고 일상적인 에피소드를 다루는 사례들이 많았다. 이는 "대중과 분리되었던 창작자가 대중 속의 창작자로 재탄생"(이재민, 2022b: 112)하게 되면서 나타난 변화로 분석되기도 한다. 이를 통해 앞서 언급한 '폐인,' '잉여'와 같은 청년들의 자조적 정서들이 표현되기도 했지만, 무엇보다 웹툰이라는 매개체를 통해 그들이 스스로의 목소리를 낼 기회를 만들었다는 점에서 의미가 있었다.

이런 맥락에서 여성 및 소수자의 목소리가 웹툰을 통해 잘 드러나기도 했다. 성소수자의 이야기를 담아낸 《모두에게 완자가》(2012~2015, 네이버웹툰)를 비롯해, 청각장애인의 일상을 다룬 《나는 귀머거리다》(2015~2017, 네이버웹툰), 가정 폭력 피해자의 생존담 《단지》(2015~2017, 레진코믹스) 등의 작품이 대표적이다. 또한 여성들의 일상과 젠더 문제 등을 다룬 여성적 서사가 두드러진 《혼자를 기르는 법》(2015~2018, 다음웹툰), 《유부녀의 탄생》(2014~, 다음/카카오웹툰), 《며느라기》(2017, 페이스북/인스타그램), 《나는 엄마다》(2015~2020, 다음웹툰), 《아기 낳는 만화》(2017~2018, 네이버웹툰) 등은 자신의 경험을 바탕으로 여성들이 겪는 사회적 문제들을 다룸으로써 한국 사회의 배타성과 폐쇄성, 폭력성을 고발하는 역할을 했던 것으로 평가된다(이재민, 2022b).

한국 웹툰 특유의 서사적 특성에 대해서도 주목할 필요가 있다. 대표적으로 '탈성장 사이다' 서사가 있다. 전통적인 만화에서는 주인공 캐릭터의 실패와 노력을 통한 성장이 주요 테마였으나, 최근 웹툰에서는 주인공의 고난이나 성장 과정을 짧게 다루는 경향이 강하다. 주인공들은 대체로 작품 초반부터 최강의 능력을 갖추거나 최고 지위에 올라 쉽게 문제를 해결하는 경우가 많으며, 답답하고 오래 걸리는 과정을 생략하고 선과 악에 대한 보상과 징벌이 빠르게 나타나는 특징을 보인다. 특히 이 과정에서 스토리상의 갑작스러운 변화를 통해 기존 권력관계를 단숨에 역전시킴으로써 독자로 하여금 시원한 감정을 느끼게 하는 '사이다' 서사를 선보이게 된다. 《전지적 독자 시점》(2020~, 네이버웹툰), 《나 혼자만 레벨업》(2018~2023, 다음/카카오웹툰), 《여신강림》(2018~2023, 네이버

웹툰), 《외모지상주의》(2014~, 네이버웹툰) 등의 작품이 탈성장 서사를 갖춘 대표적인 작품들로 평가된다(조경숙, 2022).

또한 이른바 '회·빙·환'이라고 불리는 회귀, 빙의, 환생 서사 또한 한국 웹툰이 갖는 특징이다. 이는 로맨스 판타지 웹소설에서 비롯된 소재로, 주인공이 과거로 회귀하거나 환생을 통해 다른 시간대나 다른 세계로 떨어진 주인공, 또는 갑작스럽게 다른 인물이 되어 문제를 해결해 나가는 이야기 구조를 갖는다. 《레이디 투 퀸》(2017~2018, 코미코), 《인생존망》(2019~2020, 네이버웹툰) 등의 작품들이 대표적이다. 그 밖에도 기존의 만화나 드라마 등에서 진부하게 반복되는 설정이나 연출 방식을 탈피하며 전복적인 즐거움을 선사하는 '안티 클리셰' 서사도 웹툰에서 빈번하게 나타나는 서사적 특징이라 할 수 있다(조경숙, 2022).

끝으로, 세분화된 장르와 취향 또한 웹툰에서 빼놓을 수 없는 요소다. 특히 최근 웹툰에서는 고전적 장르 구분 외에도 작품의 특성을 설명하는 다양한 키워드 단위로 콘셉트, 설정, 취향 등이 매우 세밀한 차원에서 분류되고 있다. 예컨대 SNS를 비롯한 온라인 공간에서 '#다정남,' '#능력녀,' '#힐링물,' '#회빙환' 등과 같이 특정한 세계관, 설정, 서사 구조 등 차별화된 요소들의 혼합 방식을 기준으로 다양한 작품군이 분류되고 있으며, 웹툰 이용자들의 적극적인 참여로 인해 이러한 분류 방식은 더욱 진화하고 있다.

세분화된 취향의 차이와 그에 대한 존중은, 웹툰 플랫폼별 주력 장르 및 타깃 취향의 차이로 나타나기도 한다. 가령 레진코믹스나 탑툰, 투믹스 등은 일반적으로 남성향 콘텐츠를 주로 다루는 반면, 봄툰이나 리디북스 등에서는 여성향 또는 BL(Boys Love, 남성 등장인물 간 동성애) 장르를 많이 다루는 것으로 알려져 있다.

정리해 보면, 한국 웹툰은 태생적으로 온라인 커뮤니티에서 독자와 팬들이 적극적으로 참여하고 상호 작용하는 문화 속에서 형성되었으며, 다양한 비주류의 감성과 문화적 코드를 바탕으로, 소외된 자들을 위로하는 하위 장르의 기반을 형성해 왔다. 이는 웹툰 특유의 서사적 특성들과 발화 주체의 다양성과 맞물려 실험적이고 파격적인 창작물들을 낳기도 했으며, 다양한 사회적 이슈를 환기시키거나 현실의 문제들을 풍자하기도 했다. 결국 이러한 문화적 기반이 웹툰의 다양성을 촉진시켰으며, 오늘날 웹툰이 가진 경쟁력의 밑바탕이 되었다고 볼 수 있다.

창작자들의 자발적 참여와 도전

한국의 웹툰 생태계를 설명하기 위해서는 웹툰 생태계에 참여하는 작가 즉 창작자들을 비롯해 기획·제작·매니지먼트 등 다양한 분야를 담당하는 종사자들의 주체성subjectivity에 주목할 필요가 있다. 결국 생태계는 그 형성 주체들이 지향하는 가치나 의지, 그들 사이의 협력 또는 동의에 기반한 질서 등을 바탕으로 공고해지는 것이기 때문에, 웹툰이라는 생태계에 참여하는 주체들이 왜, 어떻게 진입하게 되었는지를 이해하는 것이 중요하다.

라인이라는 모바일 애플리케이션이 동아시아 맥락에서 '문화 생산의 플랫폼화'를 통해 어떤 변화를 일으켰는가에 주목한 마크 스타인버그Marc Steinberg의 연구에 따르면, 플랫폼화는 기존의 문화 상품 및 콘텐츠를 새로운 형식으로 바꾸고, 새로운 시장을 형성시킬 뿐만 아니라, 생산 및 이용자들의 주체성까지도 변화시킬 수 있다. 그는 특히 라인이 만들어 낸 캐릭터 및 커머스 영역에 주목하면서, 그 결과 스티커·이모티콘 등을 생산하는 크리에이터 시장이 형성되었고, 여기에 참여하는 사람들이 기업가적 주체로 거듭나게 된다고 주장한다. 말하자면 기존에 회사에 소속되어 임금을 받던 디자이너나 기획자로 하여금, 프리랜서로서 누구나 참여 가능한 앱 마켓이라는 시장에 뛰어들어 수익을 창출할 수 있도록 유인함으로써 경영자·기업가적 주체성을 강화시켰다는 설명이다(Steinberg, 2020).

웹툰 플랫폼이 창작자 커리어 형성의 문턱을 낮추고, 다양한 사업 기회와 수익 모델을 제공함으로써 그들의 노동 주체성을 바꾸어 놓은 방식도 유사하다. 고용주인 동시에 스승 역할을 했던 유명 작가의 문하생으로 들어가 오랜 기간 배움과 노동을 거듭하며 연재 기회를 힘겹게 획득했던 과거 출판만화 시대 창작자들과 달리, 오늘날의 웹툰 작가들은 '도전만화–베스트 도전 만화–정식 연재'와 같은 오디션 및 승격 시스템에 스스로 도전하여 기회를 만들 수 있게 되었다. 여기에 웹툰 독자들, 즉 팬들이 적극 참여하고 무명 아마추어 작가를 발굴 및 육성하는 과정에 영향력을 행사하게 되면서, 웹툰 작가들은 마치 엔터테인먼트 영역의 아이돌 가수나 배우들과 같은 이른바 '셀럽celebrity'의 지위를 차지하기도 한다.

이렇듯 웹툰 창작자들이 유명인이자 사업가로서 활동할 기회를 확보한 데는 결국 플랫폼이 제공한 수익 모델의 영향력이 컸던 것으로 보인다. 대표적인 것이 2013년부터 네이버가 도입한 PPS 프로그램이다. 이는 창작자의 수익을 다각화할 수 있는 비즈니스 모델이자 경쟁적 보상 프로그램으로서, 미리보기 결제 등 웹툰 콘텐츠의 유료 판매를 비롯해 PPL이나 브랜드 웹툰 등과 같은 다양한 형태의 광고에 따른 수익, 캐릭터 등 파생 상품 판매, 원작을 활용한 영상 제작 등 IP 비즈니스를 통해 얻게 되는 다양한 형태의 수익을 플랫폼과 작가가 나누어 갖는 일종의 성과급 제도다. 이를 통해 작가들은 자신의 작품이 어떻게 활용되었고 얼마의 수익이 발생했는지 정산 세부 구조를 확인할 수 있다. 최근에는 웹툰 IP를 활용한 비즈니스가 게임, 영상, 단행본, 굿즈 등 다양한 시장으로 확대되고 있으며, 작가별 계약에 따라 수익금의 50~70% 정도가 창작자에게 배분되는 것으로 알려졌다(더벨, 2022. 10. 27). PPS 프로그램의 규모는 2013년 약 200억에서 2022년 2조 원 이상으로 약 87배 이상 확대된 것으로 파악되었다(네이버웹툰 매체소개서, 2024. 1).

2023년 네이버는 PPS 브랜드 명칭을 기존의 '페이지 프로핏 쉐어Page Profit Share'에서 '파트너스 프로핏 쉐어Partners Profit Share'로 바꾸면서 창작자 친화적인 지원 정책을 강화하겠다고 밝혔으며, 같은 해 3월에는 창작자 전용 시스템 '웹툰 크리에이터스'를 오픈하여, 정식 연재 작가들 외에도 도전 및 베스트도전 작가들에게까지 작품 통계, 회차 예약, 댓글 관리 기능, 창작 도구 등을 제공하기 시작했다. 카카오엔터테인먼트의 경우에도 작가 권리 향상 등 상생의 취지를 바탕으로 2022년부터 '파트너 포털'을 정식 운영하면서, 이를 통해 CP와 창작자에게 거래액, 순매출액, 정산율 등 수익 정산의 세부 내역을 공개하고 있다(임동진, 2022. 10. 31).

이러한 흐름을 되짚어 보면, 한국 웹툰 생태계에 수많은 작가가 뛰어들게 된 데에는 이전보다 더 공정하고 지속 가능한 재정적 지원 및 인센티브 제공이 큰 역할을 한 것으로 보인다. 결국 지금과 같은 웹툰 생태계 형성에 있어서 핵심은 재능 있는 창작자들이 협력하며 참여하게 된 것이고, 그 배경은 플랫폼이 만들어 놓은 수익 모델과 시장을 통해 개인 창작자들이 자율적으로 도전하여 보상받을 수 있는 기회, 다시 말해 다양한 크리에이터들에게 경제 활동의 기회를 확보해 줬다는 점에 있다. 그 속에서 작가는 단지 '만화가'에 그치는 것이 아니라, 웹툰이라는 콘텐츠를 통해 플랫폼 경제에서 일종의 사업가로서 부와 명예를 얻을 수 있다는 희망을 갖게 되고, 그것을 동력으로 삼아 치열한 경쟁에 뛰어드는 기업가적 주체로 거듭나기 시작했다. 특히 이 점이 지난 20년간 웹툰 분야에 뛰어난 창작 인력들이 몰려들고 웹툰 산업이 양적, 질적으로 성장할 수 있었던 핵심 요인이라 할 수 있다. 문화산업의 핵심은 결국 '재능 있는 사람들'이기 때문이다.

다른 한편으로, 작가들은 보조 작가 또는 스튜디오 내에서 분업화된 역할을 담당하는 전문 작가로 분화되고 있기도 하다. 이는 '개인 창작자'라는 정체성에서 벗어나 기업가적 주체가 되기보다는 오히려 고용 안정성이 보장된 '노동자'로 재구성되는 양상에 해당한다. 가령 웹툰 PD를 비롯해 기획자들, 에이전시, 매니지먼트 담당자 등 새로운 직업군이 웹툰 시장의 성장 속에서 생겨났다. 이들은 과거 출판 만화 또는 기존 콘텐츠 산업과 구별되는 새로운 직업적 주체성을 가진 사람으로서, 기존의 '창작자'로서의 정체성이 아닌 산업화·분업화에 따라 자연스럽게 한 영역을 담당하는 직업인으로 거듭나는 것이다. 플랫폼을 중심으로 진화한 웹툰 생태계는 이렇듯 새로운 참여 주체들을 포괄하면서 계속 성장하고 있다.

5. 한국 웹툰 플랫폼의 글로벌화

앞서 한국 웹툰 생태계가 형성되고 진화해 온 과정에서 어떤 특이성이 만들어졌는가를 확인해 보았다. 이는 로컬 플랫폼으로서 한국의 웹툰 플랫폼이 글로벌화되는 과정에도 긍정적 영향을 줄 수 있는 문화적 역량의 기반이 될 만한 것이었다. 그렇다면 구체적으로 한국 웹툰 플랫폼이 글로벌화된다는 것의 의미는 무엇일까? 글로벌화 과정에서 어떤 현상들이 나타나고 있는지, 그로 인해 무엇이 달라지게 되는지, 무엇을 기대할 수 있는지 등을 상세히 검토해 보자.

창작자 중심 생태계 모델의 글로벌화

웹툰 플랫폼이 글로벌화된다는 것은, 무엇보다 새로운 창작자들이 지속적으로 발굴되고 참여하는 생태계 모델이 글로벌화됨을 의미한다. 앞서 살펴보았듯 플랫폼이 주도한 웹툰 산업과 시장의 혁신적 변화는 독자적 수익 모델 개발을 통한 새로운 산업 장르 및 시장 개척으로 이어졌고, 여기에 새로운 창작자와 새로운 직업군, 그리고 에이전시나 스튜디오와 같은 사업체들이 참여하게 됨으로써 이전까지 존재하지 않았던 새로운 생태계를 만들었다. 그리고 여기서 형성된 생태계 내부의 거래 및 생산 관행, 구조적 특이성, 규칙 등이 글로벌화되는 것이다.

이는 네이버 사례를 통해 구체적으로 살펴볼 수 있다. 네이버웹툰의 경우 '도전만화,' '캔버스,' '챌린지리그,' '문피아,' '왓패드' 등 웹툰/웹소설 분야 아마추어 작가 플랫폼 및 창작 커뮤니티를 통해, 어떤 창작자든 자신의 작품을 만들어 이용자와 공유할 수 있는 이른바 '열린 창작 생태계 플랫폼'을 글로벌 차원에서 구축해 왔다. 그리고 큰 틀에서 이 작가들 및 파트너 사업자들과의 지속 가능한 성장을 목표로 '웹툰위드WEBTOON With'라는 창작 생태계 지원 프로그램을 운영하고 있다. 앞서 살펴본 PPS 또한 이런 취지로 마련된 대표적인 프로그램이다.

네이버에 따르면, 창작 생태계 지원 프로그램은 단순한 작가 발굴 차원을 넘어 전문적인 도움이나 정보가 필요한 작가 지망생이 프로 작가로 성장할 수 있도록 돕는 완결된 시스템이자, 작가와 팬이 직접 만날 수 있는 자생적이고 유기적인 커뮤니티를 제공한다는 취지에서 만들어진 것으로 설명된다(네이버웹툰 Stories, 2023. 9. 8).[3]

글로벌 차원에서 이런 정책은 현지 창작 생태계를 구축하고 강화하는 방향으로 이어지고 있다. 네이버의 경우 국내

3 https://webtoonscorp.com/ko/storiesDetail?seq=966

에서 적용되던 승격 시스템과 창작자 친화적인 수익 배분 방식을 그대로 해외에 적용해 동남아, 북미, 유럽 등 다양한 현지 생태계의 창작자들을 발굴·육성해 왔다. 북미를 중심으로 서양권에서는 2014년부터 '캔버스Canvas'가 운영되고 있고, 일본에서는 '인디즈Indies'를 통해 아마추어 작가의 등단을 지원해 왔다. 2023년 기준 북미에서 캔버스를 통해 웹툰을 업로드하는 창작자들만 12만 명 이상이며, 북미 웹툰 작가 중 절반 이상이 캔버스 출신으로 알려졌다. 또한 전 세계 네이버웹툰 및 웹소설 창작자는 600만 명, 누적 작품 10억 편에 이르는 것으로 집계되었다(네이버웹툰위드).[4] 네이버는 현지 창작자 육성을 위해 창작에 따른 보상 외에도 광고 수익 공유, 교육 등을 지원하고 있으며, 각 언어권별로 다양한 창작 지원금 제도를 운영하고 있다. 그 밖에도 작가들에게 번역, 디자인, 마케팅, 홍보 등 글로벌 연재에 필요한 여러 서비스를 제공해 왔으며, 태국에서는 2017년부터 한국 작가들이 현지 창작자들에게 연출, 작화, 채색 등의 노하우를 전해 주는 '트레이닝 캠프'도 운영해 왔다(정두용, 2023. 9. 13).

과거에는 출판사나 스튜디오 제작사와의 계약을 통해서만 만화 작가로 데뷔할 수 있었던 것에 비해, 플랫폼이 구축

4 https://webtoonscorp.com/ko/impact

한 생태계에서 이제 창작자들이 시장에 직접 진출하여 퍼블리싱할 기회를 갖게 된 셈이다. 여기에 광고, 유료 콘텐츠 수익 및 영화, 시리즈, 게임과 같은 2차 저작물에 대한 로열티 수익까지 창출할 수 있다. 무엇보다도, 창작자 개인이 저작권을 포함한 IP에 대한 권한을 보유한 상태에서 원고료 외에 IP 비즈니스에 따른 수익 배분을 할 수 있다는 점은 글로벌 시장에서 창작자를 끌어들이는 가장 매력적인 요소라 할 수 있다. 플랫폼 입장에서는 보다 많은 작가와 인력, CP를 비롯한 사업체를 자신들이 형성시킨 생태계 내로 포함시켜 규모의 경제를 이룩하기 위해서라도 작가 친화적 상생 정책을 계속 펼칠 것으로 보인다.

이렇듯 창작자 개인의 IP 소유를 바탕으로 공동으로 협업 관계를 구축하는 형태는, 마블 등 기존 스튜디오 생산 기반의 시스템과 차별성을 보이고 있으며, 미국이나 일본 만화 시장의 기존 관행을 크게 바꾸는 데 영향을 주고 있다. 또한 많은 해외 작가들이 이에 긍정적으로 호응하고 참여하고 있다. 예컨대 네이버웹툰 영어 플랫폼에서 연재 중인 《체이싱 레드*Chasing Red*》(2023~)의 경우, 왓패드 웹소설 작가의 원작을 바탕으로 캔버스 출신 웹툰 작가가 협업하여 제작한 사례로, 국내 플랫폼이 마련해 둔 기반 위에서 다양한 형태의 네트워킹과 협업이 가능하다는 것을 잘 보여 준다. 이런 흐름 속에서 국내 웹툰 플랫폼들은 해외 현지에서도 자생적 로컬 콘텐츠와 작가들을 육성하면서 한국식 웹툰 생태계 모델을 글로벌 시장에서 지속적으로 확장시키고 있다.

웹툰 콘텐츠 IP 중심의 시장 재편

최근 한국 웹툰은 인기 OTT 시리즈, 유명 영화나 게임의 원작 등으로 주목받으면서, 그것이 가진 스토리, 캐릭터, 브랜드 가치를 극대화하는 IP 비즈니스의 핵심 재료가 되고 있다. IP를 활용하여 영화, 드라마, 게임, 광고 등 다양한 장르의 문화산업 수익 모델과 연계하고 확장할 수 있는 경제적, 문화적 잠재력이 매우 크다는 것이 검증되기 시작했고, 네이버, 카카오 등의 플랫폼들 또한 지난 수년간 공격적인 투자와 인수 합병(M&A), 전략적 제휴를 통해 글로벌 지식재산권 기반 미디어 생태계에 뛰어들고 있다. 특히 대형 웹툰 플랫폼들은 CP뿐만 아니라 웹소설 플랫폼, 엔터테인먼트사, 애니메이션 및 VFX 제작사 등에 대한 투자나 인수 합병 등 수직계열화를 통해 비즈니스 확장을 모색하고 있다.

네이버의 경우, '스토리를 기반으로 한 글로벌 엔터테인먼트 기업'을 지향하고 있다(네이버웹툰 Stories, 2023. 9. 8). 이미 스튜디오N을 설립(2018)함으로써 웹소설과 웹툰 스토리를 바탕으로 한 인하우스 영상 제작 시스템을 갖추기 시작했고, CJ ENM이나 하이브, DC 등 글로벌 팬덤을 확보한 엔터테인먼트 및 콘텐츠 기업들과의 적극적인 협업을 통해 외부 IP를 확보하거나 내부 웹툰 플랫폼을 확장시키는 전략을 펼치고 있다. 또한 최근 수년 사이 북미 법인인 '웹툰엔터테인먼트'를 정점으로 관련 비즈니스를 재편해 수직 계열화를 거의 완성했는데, 이 과정에서 글로벌 1위 웹소설 플랫폼인 왓패드Wattpad를 인수(2021)하는 것을 비롯해, 웹소설 문피아, 애니메이션 및 VFX 제작사 로커스, 일본 1위 전자책 서비스 업체 이북이니셔티브 재팬 등을 인수·통합(2022)했다(이나연, 2023. 3. 24).

'글로벌 슈퍼 IP' 프로젝트를 추진한 카카오 또한 2010년대 후반부터 안정적인 원작 콘텐츠 공급을 위해 웹소설·웹툰 제작사 디앤씨미디어와 투유드림을 비롯한 국내 메이저 만화 출판사에 큰 액수의 지분 투자를 했다. 또한 일본 앱 만화 시장에서 꾸준히 성장 중인 카카오픽코마를 운영하는 것 외에도 2021년 북미 웹툰 플랫폼 타파스미디어와 웹소설 플랫폼 래디쉬를 인수하는 등 수직계열화된 글로벌 가치사슬 재편 움직임을 보였다. 그리고 기존에 웹툰 비즈니스를 담당하던 카카오페이지와 엔터테인먼트 영역을 담당하던 카카오M을 합병(2021)하여 카카오엔터테인먼트를 중심으로 웹툰, 웹소설, 영상 등 콘텐츠 영역과 연예기획사, 음악 플랫폼 등 통합적인 비즈니스를 추진하고 있다. 그 밖에도 대표적인 유료 웹툰 전문 플랫폼 레진엔터테인먼트를 인수한 키다리스튜디오, 미스터 블루 등 만화/웹툰 플랫폼 겸 CP 회사들의 적극적인 인수 합병과 글로벌 비즈니스 네트워크 강화 흐름이 두드러지고 있다(이재민, 2022a).

이처럼 웹툰이라는 콘텐츠 형식과 플랫폼이 제공하는 독특한 수익 모델, 그리고 IP 비즈니스의 잠재력이 주목받게 되면서, 글로벌 빅테크 기업들과 해외 만화 사업자들이 웹툰 플랫폼 사업을 시작하고, 한국 모델을 벤치마킹하는 사례가 늘어나고 있다. 일본, 미국, 프랑스 등 만화 강국들에서는 여전히 출판 만화가 지배적이지만 시장 매출 구조나 콘텐츠 이용 방식이 점차 온라인·모바일 기반으로 이동하는 추세를 보이고 있다. 예컨대 2023년 한 해 동안 아마존은 아마존 재팬 킨들 스토어에 '플립툰Fliptoon'이라는 웹툰 서비스를 출시하였고, 애플북스 또한 일본에서 '세로로 읽는 만화'를 서비스를 신설했으며, 일본의 대형 출판사 슈에이샤는 '점프툰Jumptoon'을, 고단샤는 'K망가Manga'라는 이름으로 웹툰 형태의 서비스를 개시하며 글로벌 웹툰 시장 경쟁에 뛰어들었다.

이처럼 IP를 중심으로 글로벌 웹툰 시장 전체가 구조적 변화를 보이는 가운데, 국내 웹툰 제작사 캐냐즈의 경우 애플과 웹툰 공급 계약을 체결하였고, 키다리스튜디오와 레진엔터테인먼트는 아마존 플립툰에 대한 공급 계약을 체결하는 등 국내 웹툰 에이전시 및 CP들이 글로벌 플랫폼과 계약을 맺는 사례들도 늘어나고 있다(김재훈, 2023. 5. 12). 요컨대, 한국 웹툰 플랫폼의 글로벌화는 기존의 만화 산업 구조뿐 아니라 콘텐츠 산업 생태계 자체를 콘텐츠 IP를 중심으로 재편하고 있다. 그리고 그 변화는 콘텐츠와 기술, 인적 역량 차원에서 많은 노하우를 축적하고 있는 한국의 웹툰 플랫폼과 사업자들, 그리고 창작자들이 주도하고 있다. 다만 향후 글로벌 시장 경쟁이 치열해지는 과정에서 한국이 계속 주도권을 가질 수 있는가는 큰 과제로 남겨져 있다.

웹툰 생산 및 이용의 문화적 저변 확대

웹툰 플랫폼의 글로벌화가 가져올 변화와 관련하여 마지막으로 주목할 수 있는 것은 한국 웹툰을 탄생시키고 성장시켜 온 문화적 저변이 확대된다는 점이다. 이는 생산자와 이용자 모두에게 해당된다.

먼저 생산 차원에서는 전 세계 현지 창작자의 발굴과 그에 따른 성공 사례가 확산되고 있다. 네이버웹툰의 해외 도전만화 시스템 '캔버스'를 통해 데뷔한 뉴질랜드 작가 레이첼 스마이스Rachel Smythe의 《로어 올림푸스*Lore Olympus*》(2018~2024)는 2022년과 2023년 2년 연속 미국의 권위 있는 3대 만화상이라 불리는 아이스너·링고·하비상을 수상했으며, 2023년 기준 영미권 구독자 640만 명, 누적 조회 수 13억 회를 돌파했다(안상현, 2023. 12. 5). 그 외에도 《클리닉 오브 호러*Clinic of Horrors*》(2021~)를 비롯해, 《사라스 스크리블*Sarah's Scribbles*》(2016~) 등 네이버웹툰과 타파스엔터테인먼트(카카오엔터테인먼트 북미 법인)의 작품들이 2022년 링고상을 수상한 사례도 있다(박준식, 2023. 11. 13). 이처럼 글로벌화된 한국 웹툰 플랫폼에서 활동하는 작가들 및 작품들이 매출 규모뿐만 아니라 품질과 수준에서도 세계적으로 인정받기 시작한 것이다.

2023년 1월 기준 네이버 '캔버스' 출신으로 주요 글로벌 플랫폼에서 웹툰을 정식 연재하는 작가 비중은 인도네시아 82%, 태국 67%, 프랑스 59%, 영미권 54%로 나타나, 특히 만화 산업의 발전이 상대적으로 늦은 동남아시아 지역에서 창작자 발굴이 활발하게 이루어지고 있음을 확인할 수 있다(네이버웹툰위드). 이는 결국 창작자 중심의 열린 생태계 모델이 글로벌 시장에서 다양한 문화권의 창작자들을 발굴 및 육성시킬 수 있으며, 문화다양성 증진에도 기여할 수 있다는 것을 시사한다.

일본의 〈니혼게이자이신문〉은 네이버 '라인망가'와 카카오 '픽코마'가 시장의 대부분을 점유해 온 일본 만화 앱 시장을 진단하며, 일본의 낡은 제작 시스템과 생산 환경에 비해 한국 웹툰이 가진 차별적 역량에 주목한 바 있다(신윤재, 2022. 8. 22). 출판사 편집자의 권한이 여전히 강한 일본에 비해, 작가들이 자유롭게 자신의 작품을 발표하고 팬들이 적극적으로 참여하는 한국 웹툰 생산 문화가 재능 있고 창의적인 젊은 작가들이 활동할 수 있는 환경을 만들어 준다는 평가였다. 또한 화려한 컬러와 생동감, 스크롤 방식 등 한국 웹툰의 신선한 형식과 젊은 감각이 전통적인 만화 강국 일본 젊은이들을 사로잡고 있다는 진단도 있었다(서믿음, 2023. 8. 31).

웹툰 생산의 문화적 특성은 그 이용자 문화와도 긴밀하게 연결된다. 2023 해외 한류 실태 조사에 따르면, 해외 한국 콘텐츠 소비 비중(소비 시간과 지출액의 합계)에서 웹툰은 모든 장르 중 28.1%로 1위를 기록한 바 있다(문화체육관광부, 2023. 3. 10). 이처럼 한국 웹툰은 해외 콘텐츠 이용자들에게 큰 주목을 받고 있으며, 특히 글로벌 플랫폼과 콘텐츠 시장이 통합되는 상황에서 웹툰의 문화적 기반이 된 온라인 커뮤니티 문화나, SNS 등을 활용한 작가와 독자들의 활발한 참여 및 상호작용은 글로벌 웹툰 영역에서 더욱 활발하게 나타날 것으로 기대된다.

이런 흐름 속에서 네이버는 2023년 9월, '작가홈' 서비스를 개설하여 웹툰 작가들이 개별적으로 독자들과 직접 소통하고, 해당 작가별 작품 리스트 및 정보를 제공하거나 스케치, 비하인드 컷, 동료 작가 축전, 작품 후기 등 다양한 콘텐츠와 소식을 공유할 수 있도록 지원하기 시작했다. 이를 통해 마치 아이돌 스타들이 팬들과 소통하듯, 아마추어 신인 작가들까지 자신을 홍보하고 대중적 인지도를 높일 기회를 얻을 것으로 평가된다(이근형, 2023. 11. 9). 또한 네이버는 팬 번역 플랫폼을 자체적으로 운영하여, 팬들의 자발적 번역을 통한 공유와 추천이 활성화되고, 생태계에 참여함으로써 얻는 보상을 가시화하는 방식으로 웹툰 팬들의 참여를 확대하고 있다.

되짚어 보면, 한국 웹툰은 장르 및 서사에 있어서 과감한 실험들과 함께 그 다양성을 확대해 왔고, 여기에 새로운 수익 모델과 상호작용성을 도입함으로써 이용자 팬들의 참여를 확장하는 전략을 통해 글로벌 시장을 개척해 왔다. 이는 결국 하나의 만화 형식을 넘어서 웹툰 IP를 중심으로 콘텐츠 및 플랫폼 산업 전체를 재구조화하는 과정으로까지 이어지고 있다. 또한 그 저변에는 웹툰 생태계를 지금까지 성장시켜 온 문화적 요소들이 자리 잡고 있다는 것을 확인할 수 있다.

한국 웹툰 플랫폼의 미래

앞서 살펴본 바와 같이, 한국 웹툰 플랫폼의 형성 및 성장 과정을 플랫폼의 일방적 주도 또는 독과점적 착취에 기반한 것으로 해석하는 것은 다소 무리가 있다. 오히려 오늘날 웹툰 플랫폼이 글로벌 시장에서 성과를 보이는 것에는 아마추어 창작자, 에이전시 및 스튜디오 등 사업자, 그리고 플랫폼 이용자와 같은 다양한 주체들의 자발적 동의와 참여, 협력적 실천 등이 큰 역할을 했다고 보는 것이 타당하다. 또한 이것이 기존에 미국, 중국 등 일부 국가들이 장악해 온 '주류 글로벌' 플랫폼 구조에서 일종의 대안적 생태계 모델로 반향을 일으키고 있다는 점에 주목할 필요가 있다.

그렇다면 한국 웹툰 플랫폼의 글로벌 진출이 갖는 의미는 무엇일까? 첫째, 앞서 우리는 어떻게 플랫폼을 중심으로 웹툰 생태계의 독특한 차별성과 역량이 축적될 수 있었는지 확인했다. 이는 당연히 기존의 한류 '콘텐츠'와 같은 특정 상품의 수출과는 다를 수밖에 없다. 말하자면 이것은 특정 콘텐츠, 작가, 기업의 해외 진출을 넘어서, 특정한 로컬 플랫폼 생태계를 형성시켰던 문화적 기반과 구조적 특성들이 글로벌화된다는 것을 의미한다. 또한 이 과정에서 새로운 생태계 참여 주체들이 형성되고, 생산 유통 프로세스 및 거래 관행이 변화하고 있으며, 콘텐츠 IP 기반의 가치 사슬 재편과 비즈니스 전략들의 글로벌화 등이 동시에 나타나고 있다.

둘째, 이 현상은 '로컬 플랫폼'이 추동하는 문화다양성 및 생태계 다양성이라는 차원에서 주목할 필요가 있다. 국내 산업 생태계로 시야를 한정시켜 본다면 네이버나 카카오 등 대형 플랫폼을 정점으로 다른 사업자들이나 작가들이 종속적 관계를 형성한 것처럼 보일 수도 있다. 그러나 시야를 글로벌 시장으로 넓혀 본다면, 사실상 디지털·온라인 플랫폼에서 생산되고 유통되는 미디어 콘텐츠 대부분은 미국 또는 중국 플랫폼을 경유할 수밖에 없다. 일본 또한 콘텐츠 IP 강국이지만 사실상 콘솔 게임 정도를 제외하고는 자체 플랫폼을 소유했다고 보기 어렵다.

한국 웹툰 플랫폼은 글로벌 시장에서 여전히 매우 영세하다. 여기에 미국, 일본 기업들의 견제와 벤치마킹이 시작되었다. 이런 상황에서 점차 심화되는 글로벌 경쟁에 뛰어든 한국 웹툰 플랫폼들의 성장이 의미를 가질 수 있을 것으로 보인다. 한국 웹툰 플랫폼의 형성과 성장의 역사를 통해 축적된 생태계의 긍정적 가능성, 예컨대 협력·공존·상생을 지향하는 모델이 보다 확대될 수 있기 때문이다. 마치 한국 영화나 K팝, 한국 드라마 시리즈와 같은 한류 콘텐츠가 기존의 서구 또는 일본 중심의 이른바 '주류' 문화산업에 균열을 일으킨 것처럼, 한국의 플랫폼이 어떤 역할을 해낼지 기대해 볼 만한 부분이다.

지금까지의 논의를 통해 웹툰 플랫폼의 글로벌 진출과 관련해 여러 긍정적 함의를 발견할 수 있었지만, 여러 쟁점과 과제도 남아 있다.

첫째, 웹툰 플랫폼이 구축한 '창작자 중심' 생태계와 실질적으로 플랫폼이 주도하고 추진하는 '규모의 경제'가 공존 가능한가 하는 문제다. 최근 CP 영역의 확대와 더불어 네이버, 카카오를 중심으로 한 수직계열화와 스튜디오화, 대형화, 분업화 등이 나타나고 있으며 이는 대기업 주도의 집단 생산 체계가 확산되는 것을 의미한다. 중요한 것은 이렇게

대규모 집단 생산 체제가 자리 잡게 되면 창작자 개인이 웹툰 IP 권한을 소유하는 것이 아니라, 영화, 방송, 게임과 같이 스튜디오와 같은 사업체 또는 여러 스튜디오를 포괄하는 소수 플랫폼이 다수의 IP를 소유하는 형태가 일반화된다는 점이다. 이는 기존 한국 웹툰 생태계의 자생적 형성 과정의 주요한 원동력이었으며, 최근 글로벌 현지 창작자들에게 긍정적 반응을 얻어내고 있는 '창작자 개인의 IP 소유'라는 전제와 모순되는 흐름이 될 수 있다.

둘째, 플랫폼 권력이 강해지는 상황에서 실제로 창작의 자율성과 다양성이 어느 정도로 보장될 수 있는가의 문제다. 물론 산업화·상업화가 늘 획일성으로만 귀결되는 것은 아니다. 그렇지만 마블이나 DC 스튜디오와 같은 제작 방식이 웹툰 업계에 자리 잡게 될 경우 그것이 파격적이고 신선한 한국 웹툰의 소재나 이야기, 캐릭터, 서사적 다양성, 소수자 관점 등을 얼마나 보장할 수 있는가 의문이 가기도 한다.

셋째, 플랫폼 독과점과 양극화 이슈가 있다. 기존의 '플랫폼화'에 대한 비판적 논의들에서 공통적으로 지적되어 온 플랫폼의 공격적인 인수 합병 및 수직계열화, IP에 대한 독식 등 독과점적 시장 지배와 권력화의 문제를 어떻게 볼 것인가에 대한 문제다. 플랫폼에 대한 집중화가 심화되는 상황에서 앞으로도 스타 창작자나 중소 CP 등이 과거처럼 성장할 여지가 있을까? 이와 함께 지속적으로 제기되어 온 불공정 거래, 노동 환경 이슈들 또한 상생의 생태계를 표방하는 플랫폼을 중심으로 극복해 나가야 할 문제라 할 수 있다.

웹툰 플랫폼의 글로벌화가 성공적인 생태계 모델을 확장시키고 지속 가능해지기 위해서는 이러한 쟁점과 과제에 대한 적극적인 대응과 개선 노력이 필요해 보인다.

4장

팬 플랫폼과 새로운 글로벌 팬덤의 탄생

1. 왜 팬 플랫폼인가

팬덤fandom의 무대가 팬 플랫폼fan platform으로 이동 중이다. 팬 플랫폼은 팬으로 하여금 그 안에서 아이돌과 관련된 상품과 서비스를 이용하고 다양한 커뮤니케이션과 커뮤니티 활동을 펼칠 수 있게 하는 애플리케이션(이하 '앱') 기반의 공간을 의미한다. 팬 모집·관리에서부터, 공지 사항 전달, 자(체)콘(텐츠) 유통, 굿즈 판매 및 온·오프라인 이벤트 예매, 그리고 팬 간 커뮤니케이션에 이르기까지, 팬 활동 전반이 팬 플랫폼을 통해 이루어진다.

2025년 2월 기준 주요 팬 플랫폼으로 '위버스Weverse'와 '버블Bubble'을 꼽을 수 있다. 위버스는 하이브HYBE의 자회사 위버스컴퍼니가 운영하는 매거진+커머스형 플랫폼이다. 기본적으로 무료이나, '멤버십 온리membership only 콘텐츠'는 글로벌 멤버십 유료 가입이 필요하다. 커머스의 경우 별도로 마련된 위버스샵 앱을 통해 이루어진다. 아티스트별 자체 콘텐츠, 멤버십 온니 콘텐츠, 온·오프라인 공연, 실시간 방송 등이 위버스의 성장 동력이다.

버블은 SM엔터테인먼트 계열사 디어유Dear U가 2018년 12월 선보인 리슨Lysn의 대표 플랫폼이다. 채팅방에서 아티스트가 보낸 메시지를 팬이 받고, 해당 메시지에 답을 할 수 있게끔 하는 월 단위 구독형 프라이빗 메시지가 버블의 주 서비스다. 송신은 일 대 다, 수신은 일대일 구조를 띤다. 아티스트와의 직접 소통, 상대적으로 저렴한 구축 비용, 팬 충성도 높은 입점사 등이 버블의 강점으로 꼽힌다.

2021년 1월에 선보여 2023년 2월 서비스를 종료했지만, 엔씨소프트NC Soft의 자회사 클랩KLAP이 개발·운영했던 올-인-원 플랫폼 '유니버스Universe'에 대해서도 살펴볼 필요가 있다. 위버스, 버블과 함께 초기 팬 플랫폼 시장에서 3강 구도를 형성한 데다, 후술하겠지만 위버스와 버블이 유니버스의 독창적인 특징을 차용하고 있기 때문이다. 유니버스는 멤버십제 운영 방식을 취하며, 프라이빗 메시지 서비스가 제공된다는 점에서는 버블과, 팬들이 아티스트 이야기에 반응하고 다른 팬들과 소통할 수 있다는 점에서는 위버스와 유사했다. 하지만 스튜디오(모션 캡처), 프라이빗 콜(인공 지능), 클랩(가

표 2 주요 팬 플랫폼의 특징

		위버스	버블	유니버스
비전 혹은 슬로건		전 세계 팬들과 아티스트가 함께하는 팬 플랫폼	최애와 나만의 프라이빗 메시지	아티스트와 팬이 만나는 새로운 우주의 시작
서비스 시작 시기		2019년 6월	2018년 12월	2021년 1월(2023년 2월 서비스 종료)
개발·운영사		위버스 컴퍼니	디어유	엔씨소프트
주요 입점 아티스트		- 하이브 레벨: 방탄소년단, 엔하이픈, 투모로우바이투게더, 르세라핌, 뉴진스 등 - SM엔터테인먼트: NCT, 레드벨벳 등 - YG엔터테인먼트: 블랙핑크, 위너, 악뮤 등 - FNC, 드림캐처, DSP, 울림 아티스트 등	- SM엔터테인먼트: NCT, 레드벨벳 등 - JYPnation: 트와이스, ITZY 등 - 젤리피쉬, WM, TOP 아티스트 등	- 오마이걸, 강다니엘, 몬스타엑스, (여자)아이들, 우주소녀, 위키미키, 권은비, 하성운, 더보이즈, 조유리, 비비지, 아이브, 최예나, 케플러 등
스타와의 소통	열린 소통(무료)	- 아티스트 → 팬 댓/글 - 팬 → 아티스트 댓/글 - 스토리 기능 - 라이브 방송 - 자체 콘텐츠	- 아티스트 프로필 변경 - 커뮤니티	- 아티스트 → 팬 댓/글 - 팬 → 아티스트 댓/글 - 멤버별 포스트 댓/글 - 자체 콘텐츠
	프라이빗 소통(유료)	- 프라이빗 메시지 서비스(문자 음성 메시지, 동/영상, 이모티콘 등) - 멤버십 온니 콘텐츠 - 앨범 공연 티켓 굿즈 판매 등	- 프라이빗 메시지 서비스(문자 음성 메시지, 동/영상, 이모티콘 등)	- 프라이빗 메시지 서비스(문자 음성 메시지, 동/영상, 이모티콘 등) - 독점 콘텐츠 - 프라이빗 콜, 팬 파티, 1:1 라이브 콜 등
팬들 간 소통	열린 소통(무료)	- 팬 → 팬 댓/글 - 계정 구독 등	- 친구 추가 - 오픈 채팅	- 스타 아바타 옷 입히기 - 계정 구독, 스튜디오 등

상 재화) 등 정보 통신 기술information communication technology(ICT)과 팬 활동을 결합했다는 점에서는 차별성을 띠었다.

짧은 기간이지만 그동안 팬 플랫폼이 보여 준 산업적 성취는 그야말로 눈부시다. 위버스의 매출액은 2020년 2,191억 원, 2021년 2,394억 원, 2022년 3,077억 원, 2023년 3,379억 원으로, 팬 플랫폼 중에서도 압도적인 규모를 자랑한다. 다만 영업 이익은 2020년 156억 원 기록 후, 2021년 80억 원으로 감소했고, 2022년에는 −15억 원, 2023년에는 −80억 원이 되었다. 하이브의 2020년 매출액이 7,963억 원이었음을 감안하면, '위버스'가 하이브 매출의 27.5% 정도에 해당하는 매출을 올렸다고 할 수 있다. 길지 않은 기간이지만, 그동안 팬 플랫폼이 보여 준 산업적 성취는 그야말로 눈부시다. 위버스의 매출액은 2020년 2,191억 원, 2021년 2,394억 원, 2022년 3,077억 원, 2023년 3,379억 원, 2024년 2,556억 원으로, 팬 플랫폼 중에서도 압도적인 규모를 자랑한다. 다만 영업 이익은 2020년 156억 원 기록 후 2021년 80억 원으로 감소했고, 2022년 −15억 원, 2023년 −80억 원, 2024년 −107억 원이 되었다. 하이브 매출액과 비교해 보면, 2020년 하이브 매출의 27.5%에서 2024년 11.3%로 줄어들었다. 위버스의 매출이 드라마틱하게 상승하지는 않는 가운데, 하이브 매출은 2020년 7,963억 원, 2021년 1.26조 원, 2022년 1.78조 원, 2023년 2.18조 원, 2024년 2.25조 원으로 성장 중인 탓이다.

그림 4 팬 플랫폼의 산업적 성과

위버스 꾸준한 양적 성장세를 보이며 하이브의 매출 증가를 견인했으나, 적자 전환

매출액: 2020년 2,191억 원 → 2021년 2,394억 원 → 2022년 3,077억 원 → 2023년 3,379억 원 → 2024년 2,556원

영업 이익: 2020년 156억 원 → 2021년 80억 원 → 2022년 −15억 원 → 2023년 −80억 원 → 2024년 −107억 원

매출액(하이브): 2020년 7,963억 원 → 2021년 1.26조 원 → 2022년 1.78조 원 → 2023년 2.18조 원 → 2024년 2.25조 원

버블 짧은 시간 동안 폭발적인 성장세

매출액(디어유): 2020년 130억 원 → 2021년 400억 원 → 2022년 492억 원 → 2023년 757억 원 → 2024년 749억 원

영업 이익: 2020년 -4억 원 → 2021년 132억 원 → 2022년 163억 원 → 2023년 286억 원 → 2024년 254억 원

유니버스 입점 아티스트 라인업의 약세에도 불구, 조금씩 성장했지만 결국 사업 종료

매출액(클랩): 2020년 9억 원 → 2021년 115억 원

영업 이익: 2020년 −1억 원 → 2021년 17억 원

버블은 위버스에 비해 규모가 크지는 않지만, 짧은 시간 동안 폭발적인 성장세를 보여 왔다. 디어유의 매출액은 2020년 130억 원에서, 2021년 400억 원을 거쳐, 2022년 492억 원, 2023년 757억 원 규모로 성장했다. 그러다 2024년만 749억 원을 기록하며 주춤하는 모습을 보였다. 영업 이익률도 비슷하다. 2020년 −4억 원에서 시작해, 2021년 132억 원, 2022년 163억 원, 2023년 286억 원으로 증가하다, 2024년 254억 원으로 소폭 감소했다. 유니버스의 개발사 클랩의 매출액은 2020년 9억 원, 2021년 115억 원이었고, 영업 이익도 2020년 −1억 원, 2021년 17억 원으로 조금씩 성장하는 모습

을 보였지만, 결국 사업을 종료했다.

팬 플랫폼의 영향력은 산업적 성취에 그치지 않는다. 팬 플랫폼은 팬들 일상의 일부가 되고 있다. 팬들은 팬 플랫폼을 통해 아티스트 소식을 전해 듣고, 관련 이벤트와 동/영상을 접하며, 아티스트(들) 및 전 세계에 있는 다른 팬(들)을 만날 수 있다. 이제 팬들이 팬질을 함에 있어 가장 먼저 해야 할 일은 스마트폰에 팬 플랫폼 앱을 설치하고 그에 가입하는 것이며, 갈수록 더 많은 팬이 팬 플랫폼에서 더 오래 머물고 있다.

위버스의 서비스 국가/지역은 245개, 앱 다운로드 수는 1억 1,300만 건(2023년 11월 기준), 월간 활성 이용자 수(MAU)는 2023년 7월 1,000만 명을 돌파한 이래 2023년 3분기 1,050만 명까지 증가했으나, 2025년 1분기 기준 1,000만 명 수준을 유지 중이다. 2023년 1월부터 11월까지 이용자당 월평균 방문 일수는 10.2일, 월평균 이용 시간은 246분으로, 2022년(방문 일수 9.2일, 이용 시간 171분)에 비해 크게 증가했다.

한국, 중국, 일본, 미국, 유럽 등이 버블의 서비스 국가/지역이다. 가입자 수는 2025년 1분기 기준 약 260만 명으로, 2022년 1분기 130만 명에서 3년 만에 가입자 수가 2배로 늘었음을 알 수 있다. 버블 서비스 특성상 활성 구독자가 곧 유료 회원인데, 구독자들의 구독 유지율이 90%에 달한다는 것도 유의미한 수치라 하겠다.

팬 플랫폼이 기존 팬 커뮤니티와 가장 차별화되는 지점

은 '커뮤니케이션 소비'로 설명 가능하다. 팬 플랫폼은 아이돌과 팬이 직접 커뮤니케이션할 수 있는 완전히 새로운 방법을 제공한다. 팬 플랫폼에서 팬들은 자신이 좋아하는 아티스트(들)를 구독하고, 그들과 자유롭게 댓/글이나 프라이빗(음성) 메시지를 주고받는다. 적어도 팬 플랫폼 안에서 더 이상 아이돌은 손이 닿지 않는 존재, 환상의 존재가 아니다. 아이돌의 환상을 가르고 나오는 친밀감이 팬들에게 셀링 포인트가 된다.

이러한 팬 플랫폼은 한국의 K팝 문화를 배경으로 탄생한 '버티컬' 플랫폼이자, 전 세계의 팬 문화의 재구성의 과정에서 주요한 역할을 담당할 수 있는 '글로벌' 플랫폼이다. 팬 플랫폼은 K팝 영역의 한류의 변화와 직접적인 관계를 맺고 있으면서도, 콘텐츠 자체가 아닌 산업의 핵심 요소로서 팬 활동의 '체계' 자체의 글로벌 확장을 만들어 낸다는 점에서, '플랫폼 한류'의 한 장면을 구성한다. 팬 플랫폼을 통해서 나타나는 한류의 진화, 혹은 굴절의 양상을 살펴보는 것을 통해 '플랫폼 한류'가 어떤 가능성을 품고 있는지 이해해 볼 수 있을 것이다.

2. 팬 플랫폼의 등장과 확산 배경

엔터테인먼트사의 영향력 증대

팬 플랫폼은 어떻게 등장해 인기를 얻게 되었을까? 그 첫 번째로 엔터테인먼트사의 영향력 증대를 꼽을 수 있다. 팬 플랫폼은 아이돌 기반 엔터테인먼트 산업을 이루는 세 중요 주체인 엔터테인먼트사, 미디어, 팬 중 엔터테인먼트사와 미디어가 결합하거나 연결되고 있음을 보여 준다. 위버스는 하이브의 자회사인 위버스 컴퍼니에서, 리슨은 SM엔터테인먼트 계열사인 디어유에서 개발·운영한다. 유니버스의 경우는 엔터테인먼트사가 아닌 게임사 엔씨소프트가 개발·운영했지만, WM엔터테인먼트, 커넥트엔터테인먼트, 스타쉽엔터테인먼트, 판타지오 등 다양한 엔터테인먼트사와 제휴했다.

이제 엔터테인먼트사는 연예를 '기획'하고 '매니지먼트'하는 데 그치지 않고, 정보와 지식을 생산·유통하는 수단을 소유하고, 네트워크 환경을 적극 활용한다. 온라인상에 이용자가 모이는 공간을 만들고, 그 공간을 판매 가능한 요소로 채우며, 아티스트 관련 정보와 콘텐츠를 배타적으로 소유·공유할 뿐 아니라, 이용자가 공간 이용 과정에서 남긴 데이터와 창작물을 내부 자본화해 통제하고 활용한다(원용진·박서연, 2021).

기술 기반 사업 주체로서의 플랫폼

플랫폼사는 입점사들의 정보·콘텐츠를 모아 제공할 뿐, 그 자체로 정보·콘텐츠사가 아니다. 그런 플랫폼사를 떠받치는 것은 ICT다. 물론 팬 플랫폼사를 단순히 기술만 지닌 회사라 하긴 어렵다. 앞서 살펴본 것처럼 엔터테인먼트사와 소유·운영 차원에서 밀접하게 연관되는 데다, 이후 자세히 살펴보겠지만 플랫폼 자체가 엔터테인먼트 산업과 팬덤에 큰 영향을 미치고 있기 때문이다.

플랫폼이 기술 기반 사업자라는 점은, 기술이 궁극적으로 결합하는 대상이 정보도 콘텐츠도 아닌 '가상 공간cyber space'이라는 점에서 다음 두 이슈가 있다. 첫 번째는 '탈국적화'다. 가상 공간에는 국경도 국적도 존재하지 않는다. 플랫폼은 가상 공간에 비즈니스 영역을 두고, 공간의 제한 없이 활동 영역을 확장한다. 가상 공간과 글로벌 자본주의의 접합점에 플랫폼이 자리한다(宇野常寛, 2018/2018). 한국의 팬 플랫폼 역시 K팝 수출 혹은 한류 확산 전략과 맞물려 전 세계 팬들을 끌어모은다. 엔터테인먼트사 차원의 공지 사항이나 아티스트의 메시지는 자동 번역돼 팬들에게 다가가는데, 그 내용은 대개 자신의 일상을 소개하거나 팬들 안부를 묻는 등의 간단한 것들로 탈국적적이고 균질하다. 한국발 팬 플랫폼을 통해 전달된다 해도, 메시지 내용은 한국적 정체성과는 관련이 적다는 것이다. 기술적 문제나 아티스트 개인 사정 등으로 인해 플랫폼 내 모든 활동을 동/영상 기반으로 이뤄지게끔 만드는 일이 어렵다고는 해도, 주된 커뮤니케이션 방식이 문자나 음성이라는 점 역시 가상 공간을 활용한 글로벌 사업 전략의 일환이라 볼 수 있다.

두 번째는 '이용자 참여를 통한 비즈니스 모델 완성'이다. 가상 공간 한 축에 일단 고객사들이 입점하면, 나머지 한 축을 채우는 주체로서 이용자가 꼭 필요하다. 팬 플랫폼에서 아티스트가 업로드하는 문자·음성 메시지, 동/영상, 이모티콘 등은 그것을 보기 위한 팬들을 끌어모은다. 만인에게 개방된 듯 보이지만, 팬의 참여가 없다면 성립 자체가 안 되는 것이다. 팬들이 비교적 저렴한 비용으로 팬 플랫폼에 참여한다 해도, 이는 동시에 커뮤니케이션의 빈 한쪽을 메우면서 팬 플랫폼의 비즈니스 모델을 완성시키는 일이기도 하다. 그리고 참여에 필연적으로 동반되는 커뮤니케이션 행위는, 팬이 아닌 플랫폼을 위한 경제적 가치를 낳는 기반이 된다(大塚英志, 2016/2020).

자기표현의 민주화

팬이 직접 돈을 지불하면서까지 팬 플랫폼을 위한 일을 해주는 이유는, 아티스트(들)와의 밀접하거나 직접적인 커뮤니케이션 기회를 얻기 위해서다. 그 기회는 온라인 기반 가상 공간이기에 가능한데, 온라인 공간은 작가뿐 아니라 만인에게 현대인의 자아와 한 몸이라 할 수 있는 자기표현의 기회를 제공한다. 이러한 자기표현의 민주화는, 자기표현을 무상이나 저가 노동에 의한 콘텐츠 제작으로 전환시키는 팬 플랫폼의 성립 기반을 제공한다. 개인의 욕구가 곧 플랫폼이 지속 가능한 운영에 복무하는 동기가 되는 셈이다.

팬은 팬 플랫폼의 안과 밖에서 주체성을 갖춘 소비자로서 표현하고 행동(댓/글 작성, 구매 등)할 것을 요구받는다. 설사 자신의 생각을 메시지 형태로 직접 작성하는 것이 아니라 해도, 언제나 플랫폼의 표현 요청(푸시 알림 등)에 반응(댓/글 열람, 이모티콘 전송, 하트 표시 등)하도록 유도당한다. 팬 플랫폼은 팬의 욕구를 자극하고, 그 욕구를 흡수하기 쉽도록 접근성을 높이며, 그것이 잘 드러나고 또 반응을 얻을 수 있게끔 한다.

3. 팬 플랫폼의 작동 구조

직접적인 팬 관리와 이용 데이터 축적

팬 플랫폼은 직접 팬들을 모으고 관리한다. 물론 기존에도 엔터테인먼트사가 팬 커뮤니티, 소셜 네트워크 서비스social network service(SNS)와 연계하거나 직접 팬을 모으고 관리하는 일은 있어 왔다. 하지만 여러 채널로 분산돼 있는 팬들을 체계적·일괄적으로 관리하기란 불가능에 가까웠다. 하지만 이제 팬 플랫폼 그리고 팬 플랫폼과 함께하는 엔터테인먼트사들은, 팬 플랫폼을 통해 팬들을 전보다 구체적인 집단으로 상상하고 편리하게 관리할 수 있게 되었다.

그 근간에는 이용자 데이터의 내부 자본화가 자리한다. 기술 기반 엔터테인먼트사로서 팬 플랫폼은 이용자 데이터를 플랫폼 구축·운영 전반에 활용한다. 데이터는 새로운 기술의 일부이면서 다른 기술들을 작동하게 만든다. 수많은 이용자의 여러 데이터가 팬 플랫폼에 쌓인다. 쌓인 데이터는 그 자체로 쓸모가 있지는 않으며, 그 안에서 의미를 캐낼 때 비로소 쓸모가 생긴다(김상민, 2016). 다른 대부분의 미디어 플랫폼과 마찬가지로, 팬 플랫폼 역시 이용자들의 욕구나 경향 변화를 포착해 적절한 콘텐츠나 상품, 서비스 등을 제공·추천하기 위해 데이터를 분석하고 활용한다.

꾸준한 정보·콘텐츠 제공과 다면적 커뮤니케이션

팬 플랫폼은 팬들에게 꾸준히 정보·콘텐츠를 제공하고, 수시로 다면적 커뮤니케이션이 일어나게끔 한다. 기존 팬 커뮤니티에서는 특히 아티스트-팬 간 커뮤니케이션이 빈번히 이뤄지기 어려웠다. 공식 사이트, SNS 등을 통해 엔터테인먼트사가 공지 사항을 전달하기는 했지만, 팬이 직접 커뮤니티에 방문해 확인하지 않으면 알 수 없는 경우가 대부분이었다. 모바일 앱 기반의 팬 플랫폼은 새로운 공지 사항이나 콘텐츠, 댓/글이 있을 때마다 푸시push를 통해 해당 내용을 알려준다. 이는 팬들에게 기본적으로 편리함과 안도감을 제공한다. 동시에 긴장감을 주기도 하는데, 다양한 커뮤니케이션에 대한 푸시 알림을 통해 플랫폼 바깥 일상에 위치한 팬을 플랫폼 안으로 불러들이고 팬의 일상 속 빈틈을 짧은 관심들로 메우기 때문이다. 기존의 팬 커뮤니티가 분절되고 단속된 시간 경험을 제공한다면, 팬 플랫폼은 그 경계를 모호하게 만들고 일상 속에서 팬질이 지속되게끔 만든다.

지인과 이야기 중 푸시 알림을 받고 세부 내용을 확인할 때까지 궁금해하거나 마음 졸이는 시간은, 실제로 플랫폼에 들어가는 행위를 하지 않는다 해도 생각 속에서 이미 플랫폼에 참여 중인 것이나 다름없다. 또, 공지 사항, 콘텐츠, 댓/글 등이 수시로 업데이트됨에도 앨범 발매나 콘서트 예약 시작과 같은 이벤트를 제외하고 그에 대한 예고는 없다. 기다리는 팬들 입장에서는 계속 관심을 갖게 될 수밖에 없다.

게임적 요소 활용

팬 플랫폼은 팬들의 지속적이고 두터운 참여를 유도하기 위해 게임적 요소를 활용한다. 팬들에게 사전에 엔터테인먼트사에 의해 완성된 정보나 콘텐츠를 제공하는 대신, 팬들로 하여금 게임에서와 같이 직접 참여해 점점 더 많은 활동을 해나가도록 만든다. 이를 게임화gamification로도 규정할 수 있는데, 게임에 내재한 여러 요소를 사회와 일상생활 전반, 그리고 특정 문화 장르나 표현 영역에 활용하는 것을 게임화라 한다(井上明人, 2012/2012).

게임화하는 플랫폼에서의 정보나 콘텐츠는 단순히 나열된 데이터베이스의 밭으로 이뤄진다(東浩紀, 2007/2012). 소설, 영화, 방송 프로그램, 애니메이션 등에서 정보나 콘텐츠가 연속적으로 제시된다면, 게임화한 텍스트에서의 정보나 콘텐츠는 다중적으로 펼쳐진다. 이용자는 데이터베이스들 가운데서 일정 항목들을 끌어내 한 데 엮는 일련의 과정을 경험하게 된다(강신규, 2018). 마치 롤 플레잉 게임role playing game(RPG)에서 수많은 종족과 직업 중 하나씩을 취사선택해 캐릭터를 만들고, 그 캐릭터를 컨트롤해 수많은 행동 선택지 중에서 사냥할지, 채집할지 정하는 것처럼 말이다. 팬 플랫폼은 입점 아티스트부터 자체/독점 콘텐츠, 콘서트, 굿즈 등에 이르기까지 선택 가능한 다양한 항목들을 마련해 놓고 팬들로 하여금 취향이나 선호에 맞게 그것들을 선택, 조합할 수 있게 한다.

유니버스에는 가상재화 클랩이 사용됐다. 클랩은 아티스트의 앨범이나 굿즈 구매, 유니버스 멤버십 구독, 패키지 상품 구매, 기타 앱 내 활동 등을 통해 모을 수 있었다. 그리고 그렇게 모인 클랩은 여러 규칙을 적용하는 기본 단위로 쓰였다. '컬렉션' 기능의 경우 입점 아티스트의 앨범이나 굿즈 등에 구성품으로 들어있는 별도의 QR 코드를 인식시키거나, 음원 사이트 이용권 구매나 스트리밍 인증을 통해 팬덤 활동을 기록하고 보상을 획득할 수 있게 해 주었다. 가상재화의 누적과 활용을 가시화해 주는 기능이었던 셈이다.

팬들은 '유니버스'가 정한 활동을 통해 일정량의 클랩을 획득함으로써 여러 이벤트에 참여할 권한을 부여받았다. 클랩 양에 따라 참여가 결정되는 이벤트, 일정량의 클랩을 가지고 응모를 하는 이벤트 등이 그 예다. 팬 미팅의 성격을 띠는 '팬 파티'와 '1:1 라이브 콜' 서비스의 경우, 응모권을 통해 응모한 후 당첨자에 한해 참여 혜택이 제공됐다. 유니버스에서 고급 활동을 펼치기 위해서는 지속적이고 반복적인 활동과 소비가 요청되며, 이는 게임에서 플레이어가 레벨 업하거나 스테이지를 클리어해 나가는 과정과 다르지 않다.

4. 변화하는 팬 플랫폼

융합을 통한 단일화·거대화

팬 플랫폼 업계가 3강 체제에서 '위버스'와 '버블'의 양강 체제로 전환된 가운데, 위버스로의 집중이 심화되는 모양새다. 네이버 '브이라이브V LIVE'가 2021년 1월 위버스로 통합됐고(최은수, 2022. 12. 30), 유니버스는 2023년 2월 디어유에 매각됐으며(김은성, 2023. 1. 12), 디어유 SM 아티스트가 2023년 9월 기점으로 위버스에 입점(배한님, 2023. 4. 17)하고 있다. 위버스와 버블 두 플랫폼의 성격이 점차 유사해지고(기능의 통합화) 있는 데다, 위버스의 새로운 유료구독형 서비스 '위버스 DM'이 버블의 주력 서비스와 매우 흡사한 성격을 지녀 둘 간 경쟁이 불가피해 보인다. SM 아티스트의 위버스 입점으로 인해, SM 정체성 유지에 대한 팬들의 우려도 심화되고 있다(강은경, 2023. 5. 16; 이지혜, 2023. 2. 6; 최은수, 2023. 5. 3).

다른 한편, 팬 플랫폼이 융합되는 추세 속에서 분화의 기조도 동시에 존재한다. 클래식·록·인디 뮤지션 등 중심의 독립 플랫폼 'ffan,' SM의 파생 플랫폼 '광야 클럽' 등이 대표 사례다(우주은, 2022. 11. 23). 이 중 광야 클럽은 2023년 9월부로 위버스에 통합됐다. 팬 플랫폼의 분화는 기존 팬 플랫폼들이 담지 못하는 아티스트, 팬 활동들을 별도의 공간에 담아내려는 시도로 이해 가능하다. 독립 플랫폼 대부분이 상대적으로 가볍고 개발이 쉬운 프라이빗 메시지 서비스 형태를 띠는 것도 특기할 점이다.

기능의 통합화

위버스와 버블 모두 다른 팬 플랫폼의 장점을 흡수, 종합 플랫폼을 지향하는 추세다. 매거진+커머스형 플랫폼으로 출발한 위버스의 경우, 라이브 스트리밍, 프라이빗 채널, 가상 재화 젤리, 멤버십 등의 기능을 더해 가고 있다. 프라이빗 메시지 서비스 중심의 버블 역시 라이브 스트리밍에, 위버스가 하는 커머스, 커뮤니티 등의 기능까지 탑재하고 있다. 기능에 따른 플랫폼 간 차별점이 희미해지는 상황에서 향후 가장 중요한 경쟁 포인트는 입점 아티스트 확보가 될 것으로 보인다. 물론 기능의 통합화는 앱이 무거워지는 문제, 복잡한 기능으로 인한 입덕의 탈덕화 문제 등으로 이어질 우려가 있다.

글로벌 진출 본격화

주요 팬 플랫폼들 중심으로 글로벌 진출이 본격화되고 있다. 현지화 전략, 타 장르 플랫폼과의 연계 및 결합, 해외 아티스트 입점 유치 등이 주요 전략이다. 관련해 위버스는 디지털 재화인 '젤리Jelly'를 도입해 다양한 국가와 지역 이용자가 손쉽게 DM(direct message), VoD(video on demand) 등의 서비스를 이용할 수 있게끔 하고 있다. 해외 유명 아티스트의 입점도 확대 중이다. 이미 상당수의 해외 아티스트들이 입점해 있지만, 미국 아티스트들의 추가 입점이 예정돼 있다. 글로벌 피크 트래픽 대응을 위한 투자를 확대하고, 보다 안정적인 실시간 영상 송출 환경을 구축하는 등 기술적 차원의 대비도 놓치지 않고 있다.

버블은 일본을 시작으로, 중국 등을 대상으로 한 현지화 전략을 통해 해외 사업을 확대하고자 한다. 일본 엠업홀딩스와 합작회사를 설립, 일본 현지 아티스트용 버블을 론칭하는 등 공동 사업을 진행한다. 엠업홀딩스는 일본 엔터테인먼트 사업 기반의 다양한 플랫폼·콘텐츠 사업을 운영하는 기업이다(서희원, 2023. 5. 3). 위버스처럼 해외 유명 아티스트들의 입점 확대를 위한 노력도 계속하고 있다. 특히 돋보이는 것은 이종 플랫폼과의 협업이다. 카카오엔터테인먼트와 사업 협력을 진행하면서 버블 아티스트를 활용해 멜론과 공동 마케팅을 펼치고, 웹툰 사업과의 연계도 꾀하고 있다. 고유의 주요 기능 특허 등록을 통해 기술적 차원의 대비도 하고 있음은 물론이다.

이렇듯 팬 플랫폼의 글로벌 진출 노력은, 해외에는 아직 팬 플랫폼 비즈니스 모델이 확립되지 않은 상황에서 K팝 아티스트들의 인기를 업고 팬 플랫폼 자체 규모를 키우거나, 다른 장르의 엔터테인먼트 사업으로 영향력을 확장하려는 시도로 이해 가능하다. 물론 글로벌 진출을 위한 가시적인 활동을 펼치고 있다고는 해도, 앞서 살펴본 바와 같이 ICT를 기반으로 삼는 온라인 플랫폼이라는 점, 가상 공간을 매개로 하고 무국적성, 게임화와 같은 요소들을 차용한다는 점 등은 팬 플랫폼이 기본적으로 한국만을 사업 무대로 생각하지 않으며 글로벌 비즈니스를 전제함을 보여 준다. 따라서 팬 플랫폼이 태생적으로 글로벌 플랫폼이며, 상기 시도들은 글로벌 플랫폼으로서의 위상을 견고화하거나 확장하려는 전략이라고도 할 수 있을 것이다.

5. 팬 플랫폼과 한류

디지털 기술과 가상 공간에 기반한 전 지구적 소통 가능성, 엔터테인먼트 산업의 초국적 욕망, 그리고 갈수록 문화의 중요한 작동 원리가 되어 가는 외밀성extimity의 논리가 팬 플랫폼을 낳았다. 그리고 팬 플랫폼은 K팝을 매개로 한, 보다 나아가서는 한국 플랫폼과 콘텐츠를 매개로 한 한류에 크고 작은 영향을 미친다. 그 구체적인 양상과 의미를 '초국적화trans-nationalization,' '포스트연성국가주의post soft-nationalism,' '주류화와 문화다양성 감소,' '팬 커뮤니티 약화'라는 네 키워드를 중심으로 살펴보고자 한다.

극대화되고 확장되는 초국적화

'K팝'이라는 말은 팝이 원래부터 'K'의 것이 아니었음과 동시에, 음악 장르로서 '팝'을 지칭하지도 않음을 나타낸다. 흔히 영미권의 대중음악을 팝으로 부르고, 영미권 외의 국가나 지역에서 비롯되는 팝에 해당 국가·지역의 이니셜을 붙여 왔다. 이니셜을 붙인다는 것은 곧 특정 국가·지역의 팝이 그 국가·지역 바깥에서 언급됨을 나타낸다. 그런 점에서 1990년대부터 본격적으로 시작됐다 할 수 있는 K팝은, 1980년대 일본의 J팝, 1990년대 홍콩의 C팝에 이어 아시아 권역에서 탈국적화된 지위를 확보한 팝이라 하겠다.

아이돌이 생산하는 음악을 통칭하거나, 잠정적이고 일시적인 하나의 문화 유행 형식을 표현하는 용어라는 점에서 K팝을 음악 장르의 하나로 보기도 어렵다. K팝이라는 용어는 한국 대중음악의 글로벌한 지위를 설명하기 위한 것이기도 하다. '대중음악'이나 '가요'라는 국지적 기표 대신 '팝'이라는 초국적인 기표를 사용함으로써 보편성(팝)과 고유성(K)을 동시에 취하고자 한 것이다(이동연, 2011).

K팝은 그 이름과 함께 꾸준히 초국적화해 왔다. 단지 국

가의 경계를 이탈해 글로벌한 지위를 획득했다는 의미를 넘어, 국적과 국경의 의미를 해소하고 소멸시키기도 한다는 점에서 초국적화의 의미를 찾을 수 있다. K팝의 혼종적 스타일, 아이돌 그룹 멤버들의 다양한 국적, K팝에 열광하는 다국적 팬덤, 그리고 아이돌 육성 시스템의 글로벌화 등이 그동안 K팝의 초국적성을 이루는 주된 요소들이었다(이동연, 2011; 임수연, 2023. 7. 27).

2020년대 들어 데뷔한 아이돌들, 즉 아이브IVE, 뉴진스NewJeans, 르세라핌LE SSERAFIM, 에스파aespa, 스테이씨STAYC, 엔믹스NMIXX, 엔하이픈NHYPEN 등과 같은 4세대 아이돌부터는 그 요소가 보다 극대화되고 확장된다. 비한국인만으로 이뤄진 아이돌 그룹의 등장, 비한국어 K팝의 보편화, 비한국 엔터테인먼트사 등 K의 경계를 희미하게 만들거나 초월하는 사례들이 등장하고 있는 것이 대표적이다. K팝 아티스트, 작곡가, 안무가 등 업계 전반에 걸쳐 외국인이 늘었고, 한국 시장이 아닌 외국 시장을 철저히 타깃으로 하는 사례가 생기고 있으며, 해외 엔터테인먼트사가 K팝 아이돌을 표방하는 그룹을 내놓기도 한다. 이는 K팝이 국적의 구분으로부터 자유로운 하나의 장르가 되고 있거나, K팝에 국적 구분이 갈수록 의미 없어지고 있는 것으로 이해 가능하다.

산업의 초국적화와 함께 팬덤 문화도 변화한다. 글로벌 팬층이 다양해지면서, 국내 팬들과의 상호 작용 역시 복합적으로 나타나고 있다. 외국의 멀티팬덤multi-fandom(동시에 여러 아티스트의 팬이 되거나, 다른 아티스트들의 팬 활동을 함께하는 것) 문화가 국내에 확산되고, 한국 팬덤 문화와 한국어로 된 관련 용어들이 외국에 정착되는 모습도 발견된다. 그 과정에서 국경을 뛰어넘는 문화가 형성되기도 하지만, 국가주의가 강하게 발현되는 등 서로 다른 국가 팬덤 간 갈등이 발생하기도 한다.

그 한가운데 팬 플랫폼이 있다. 팬 플랫폼은 아티스트와 그의 활동을 전 세계 팬들 사이에 놓음으로써 새로운 초국적 팬덤을 추동한다. 팬 플랫폼 이전까지는 해외 음악 및 동영상 플랫폼을 통해 콘텐츠 생산자로서만 다소 제한적으로 초국적 팬덤 형성을 꾀해왔던 엔터테인먼트사들은, 이제 직접 만든 팬 플랫폼을 통해 콘텐츠 생산·유통 주체로서 초국적 팬덤을 본격화한다. 이문화(팝)를 상품화(K팝)해 지역화(수출)하고 토착화(정착)시키는 수단인 셈이다.

연성국가주의 속 엔터테인먼트사 주도의 한류 형성

그간 정부와 엔터테인먼트사는 애국, 국익, 국격, 국가 브랜드 등을 한류와 연결 지어 정책을 수립하고 사업을 폄으로써 한류를 성장·발전시켜 왔다. 이러한 흐름을 '연성국가주의'라 부른다. 연성국가주의는 1960년 이후 일본이 경제 강국을 넘어 아시아 시장을 문화적으로 정복하고자 하는 욕망을 바탕으로 국가 차원에서 지원한 것을 두고 붙인 이름이다(岩渕功一, 2001/2004). 여기서 '연성soft'은 소프트웨어를 내세웠다는 의미, 그리고 국가가 직접 문화산업을 경영하진 않으나 정책으로 연착륙하도록 돕는다는 의미를 동시에 지닌다(원용진, 2012).

정부는 K팝을 지원하면서, 다른 한편으로는 규율하고 또 정책과 사업에 동원해 왔다. 덕분에 K팝은 산업이 됐고, 연성국가주의를 통해 K팝 산업은 경제적 지형을 확장함과 동시에, 글로벌 시대 국가의 정체성을 설명하고 알리는 주된 수단으로 기능했다. 많은 언론 역시 그런 산업 담론을 재생산하고 긍정적 사회 여론을 형성하는 역할을 빈번하게 수행했다. 그 과정에서 한류는 빈번하게 수출과 동의어가 되며, 한류의 확산은 산업 자본만이 아닌 국가적 차원의 성공으로 받아들여지기도 했다.

그렇게 형성돼 온 맥락 속에 존재하면서도, 팬 플랫폼은 그 바깥에서 엔터테인먼트사 주도의 새로운 한류를 형성할 가능성을 보여 준다. 이제 엔터테인먼트사는 팬 플랫폼을 통해 스스로의 위상, 이익, 브랜드 등을 한류와 연결하는 사업을 편다. 언론을 직접 동원해 담론·여론을 형성하고 확산함은 물론이다. 기존 미디어와도 유연하게 결합한다. 자사 아티스트가 출연하는 예능 프로그램을 유료 방송에도 내보내고, 팬 플랫폼에서는 확장판으로 제공해 라이트 팬덤과 기존 팬덤을 동시에 만족시키는 전략을 쓰는 것이 대표적이다.

가상 공간으로서 팬 플랫폼은 글로벌 자본주의와 결합함으로써 자국뿐 아니라 해외 많은 국가의 규제망에서도 대체로 벗어난다. 그런 속에서 엔터테인먼트사가 생산한 콘텐츠를 전 세계에 자동 번역해 직접·즉각 유통하고, 아티스트와 팬들이 만든 콘텐츠 역시 같은 방식으로 공유한다. 글로벌 소통과 다국적 팬덤의 참여를 기본적이고도 당연한 것으로 만듦으로써 글로벌 확장을 향한 개별 산업 자본의 의도를 은밀화하는 대신, 엔터테인먼트사 주도의 한류 형성을 노골화·가속화하는 것이 팬 플랫폼과 연성국가주의가 새롭게 맺는 관계라 할 수 있다.

주류화와 문화다양성 감소

기업의 프로젝트는 늘 성공을 목표로 하기에, 그 과정에서 주류가 주류가 되는, '주류화mainstreaming'가 이뤄질 수밖에 없다. 성공할 내용에 지원을 더하고, 성과를 만들며, 또다시 기획과 계획을 수립하는 것이 지속 가능한 기업의 선순환 구조이며, 이는 한류 확산 기획에도 그대로 적용된다. 주류 장르·서비스·비즈니스 모델에 지원이 가고, 성공할 만한 프로젝트가 선택받는다.

주류화는 성장을 중심으로 한 한류의 공격적 진출, 지나친 상업성으로 이어질 우려가 있다. K를 앞세운다 해도 지나치게 국가적 기획처럼 비치지 말아야 하고, 상업적 가치가 중요하다고 해도 상업성에 지나치게 치중하지는 않도록 경계할 필요가 있다. 주류화는 특정 플랫폼향 콘텐츠나 서비스의 증가, 그리고 문화다양성의 감소를 낳을 확률도 높다. 엔터테인먼트 산업과 미디어가 공모해 주류화된 내용을 펴면, 사회도 그것을 자연스럽게 받아들임으로써 산업 자본의 기획에 모두가 동원되는 결과를 빚을 수 있다. 대형 엔터테인먼트사들의 팬 플랫폼 구축 자체뿐 아니라, 팬 플랫폼의 융합을 통한 단일화·거대화(외적), 기능의 통합화(내적) 등도 주류화 맥락에서 이해 가능하다.

팬 커뮤니티의 약화

팬 커뮤니티는 말 그대로 좋아하는 대상을 공유하는 집단이기에, 한곳에 모여 있지 않고 서로를 모르는 상황에서도 그에 속한 사람들 간에 소속감이 생기는 것(Jenkins, 1992)으로 여겨져 왔다. 팬들은 다양한 미디어와 이벤트 참여, 여타의 팬 활동 경험을 통해 공동체의 유대감을 발전시켜 왔다. 팬들 간 커뮤니케이션은 이미 그들이 지니는 공동체에의 소속감을 전제로 이루어졌는데, 소속감은 실제로 공유한 경험이 아닌, 공통의 경험에 대한 기대에서 만들어졌다(Cavicchi, 1998). 그렇게 팬들은 자신들이 특정 가치를 공유한다고 전제하고,

스스로를 집단적 개체로 인식하는 존재였다. 소속감과 유대감에 기반해 활동하고, 특정 상황에서는 좋아하는 대상이나 그 대상이 속한 회사, 그리고 미디어나 사회 등에 자신들의 목소리를 내는 조직력을 보여 주기도 했다.

하지만 팬 플랫폼에서 살아가는 팬들에게서 그러한 소속감, 유대감, 조직력을 찾기는 어렵다. 그 이유는 다음 세 가지로 요약된다. 첫째, 팬 플랫폼은 개방적이다. 기존 포털 카페 중심의 아이돌 팬 커뮤니티는 기본적으로 폐쇄적이었다. 가입 절차도 대체로 까다롭고, 활동에서도 여러 조건이 붙었다. 가입자가 한국인 중심이기도 했다. 반면 팬 플랫폼은 누구나 쉽게 가입할 수 있다. 둘째, 팬 플랫폼에는 활동을 위한 엄격한 규칙이 잘 발견되지 않는다. 기존 팬 커뮤니티에서는 활동할 자격을 획득한 후에도 팬들이 직접 정한 규칙에 따라 활동이 제한되는 경우가 많았다. 셋째, 팬 플랫폼에서는 팬들 간 의견을 모으고 서로를 관리하는 식의 커뮤니케이션이 일어날 여지 자체가 많이 없어졌다. 가벼운 내용 위주로 주고받거나(댓/글 등), 아예 다른 팬의 메시지를 볼 수 없게(프라이빗 메시지) 설계된 탓이다.

그로 인해 팬들 간 커뮤니케이션은 약화되고, 단일 공동체로서의 팬덤은 흩뿌려졌다. 최근 인기를 끌고 있는 4세대 아이돌이 대부분 솔로가 아닌 그룹인 상황에서, 이전에 팽배해 있던 올팬all fan 기조는 멤버 단위 구독을 주된 특징으로 삼는 팬 플랫폼에 의해 희미해진다. 올팬 기조란 멤버 간 차별을 두거나 최소한 특정 멤버(들)를 배제하지 않고 한 그룹의 모든 멤버를 지지하고 좋아하는 것을 가리킨다. 올팬 기조하에서는 아주 특별한 상황이 아니면 팬들끼리 멤버 사이를 놓고 크게 다툴 일이 없다. 하지만 팬 플랫폼에서는 올팬 기조 대신 최애, 다시 말해 가장 사랑하는 멤버에게 덕심을 올인하는 기조가 지지받게 된다.

커뮤니케이션할 기회가 줄긴 했지만, 그렇다고 팬들 사이의 유대가 완전히 사라졌다고는 볼 수 없다. 오프라인상에서도 알고 지내는 사이끼리는 전과 같은 깊이 있는 커뮤니케이션이 얼마든지 일어날 수 있고, 여전히 강력한 유대감을 보여줄 수도 있다. 하지만 대개는 느슨하게 연결된 상태에서 팬질을 함께한다. 혼자 (혹은 소수로) 팬질을 하다가, 필요할 때 뜻이 맞는 다른 팬들과 온·오프라인상에서 잠깐 모여 공동의 팬 활동을 펼치고, 그중 일부와 이후에 연락을 하거나 하지 않다가, 다시 혼자 팬질을 하는 식이다. 복수의 팬이 잠깐 만나는 대표 사례로 '온니전only展'이 있다. 다른 멤버들이 아니라 오직 해당 멤버에 관련된 행사를 팬들이 마치 팝업 스토어처럼 임시로 여는 것 말이다. 팬과 팬이 만나는 것은 아니지만, 좋아하는 아티스트/콘텐츠를 지인이나 불특정 다수에게 홍보함으로써 팬 간 커뮤니케이션이 일어나기도 한다.

이러한 일시적인 마주침은 '연대'라기보다 '연결감' 정도로 볼 수 있을 듯하다. 연결감은 말 그대로 다른 사람이나 집단, 사회 등과 연결돼 있는 듯한 느낌을 말한다. 다른 팬들과 꼭 가깝다고 할 수는 없어도, 연결돼 있다는 일종의 정서적 소속감이 연결감이다. 하지만 팬 플랫폼 이후 팬 사이가 연결돼 있다는 느낌은, 정서적인 연결이라기보다는 단순 관계로서의 연결에 가깝다. 팬들은 자신만의 방식으로 팬질을 하지만, 그에 대한 반응을 적극적으로 드러내거나 커뮤니케이션하지는 않는다. 가끔 다른 팬이나 그가 만든 콘텐츠에 대한 관심이 호기심으로 연결되지만, 취향의 공동체로서 갖게 되는 흥미일 뿐 그 사람이 지닌 본질적인 부분에 대한 것은 아니다.

6. 팬 플랫폼과 한류의 미래?

이 장은 팬 소비를 커뮤니케이션 중심으로 만드는 팬 플랫폼, 그것을 둘러싼 환경과 맥락, 그 안에서 새롭게 직조되는 한류의 풍경을 논의했다. 현상을 진단하고 문제의 지점에 도달하긴 했지만, 구체적이면서 명확한 대안이나 해결책을 제시하지는 못했다. 팬 플랫폼이 초기 단계에서 발전 단계로 나아가는 중인 데다, 엔터테인먼트 산업이나 팬 플랫폼 변화의 폭이 매우 커서 그것을 특정 시점에 고정해 규정하기 쉽지 않은 측면이 있다. 때문에 아직 팬 플랫폼의 미래를 완전히 낙관하거나 비관하는 것은, 모두 적절하지 않아 보이기도 한다. 이에 팬 플랫폼의 문제에 대한 대안이나 해결책을 제시하는 대신, 앞서 살피지 못한 이슈들을 펼쳐보고, 앞서 논의한 내용들을 토대로 팬 플랫폼의 근미래를 전망해 본다.

기존 플랫폼의 팬 플랫폼화

팬 플랫폼의 형태와 기능을 완전히 똑같게 차용하는 것은 아니나, 다른 엔터테인먼트 산업의 많은 플랫폼이 팬 기반 플랫폼으로의 변신을 꾀하는 중이다. 대표적으로 포털, 폐쇄형 SNS, 음악 스트리밍 서비스 등이 팬 플랫폼과 연계하거나 팬 플랫폼화되고 있다. 팬 플랫폼은 MCN(multi channel network)의 새로운 모델로도 기대를 모으는 듯하다. 예를 들어, 하이브는 MCN 샌드박스네트워크와 함께 크리에이터 팬 플랫폼인 'THEUS'를 개발, 2024년 6월 출시했다. 크리에이터들은 이 플랫폼에서 팬들과 소통하고, 공지 사항을 전달하거나 영상을 업로드할 수 있다. 팬들의 투표를 통한 이벤트 실시는 물론이고, 팬미팅 티켓 예매 서비스도 가능하다.

이처럼 팬덤이 플랫폼뿐 아니라, 온갖 기업들의 비즈니스 전략이 지향하는 최종 심급이 되어 간다. 소비자 팬심에 기반해 단순한 마케팅 수준을 넘어 다양하고 지속 가능한 사업 영위를 꾀할 수 있는 데다, 회사의 역할을 소비자들과 나눠 가질 수도 있기 때문이다. 누군가 혹은 무언가의 팬이 된다는 건 그 존재와 철학과 가치를 좋아한다는 뜻이며, 그와 관련된 것들이 모두 비즈니스 전략의 씨앗이 될 가능성을 갖는다. 팬 플랫폼을 들여다보는 일이, 엔터테인먼트 산업에서만이 아니라 다른 많은 산업에서도 갈수록 중요해지는 이유다.

팬 플랫폼의 미래

해외에는 아직 한국의 팬 플랫폼 같은 식의 구체적인 비즈니스 모델이 형성되지 않은 상황에서, 한국 팬 플랫폼 자체가 글로벌로 사업 방향을 돌리고 있는 것은 매우 흥미롭다. 콘텐츠 차원의 글로벌 진출은 장르별로 다양하게 이뤄져 왔다. 하지만 콘텐츠는 한국에서 만들되 글로벌 플랫폼을 통해 진출하는 경우가 대부분이었다. 드라마나 영화를 넷플릭스Netflix, 디즈니+Disney+ 등의 OTT를 통해 제공하거나, 게임을 스팀Steam이나 닌텐도 온라인 스토어Nintendo Online Store 같은 퍼블리셔를 통해 전 세계 이용자들에게 제공하는 식으로 말이다.

웹툰 플랫폼의 경우 한국의 플랫폼이 해외에 진출한 드문 사례이나, 웹툰이라는 콘텐츠가 이용자에게 최종적으로 도달하는 형태를 띠었다. 하지만 팬 플랫폼은 (물론 콘텐츠를 담고 있지만) 플랫폼 자체가 이용자에게 다가간다. 그런 점에서 팬 플랫폼이 만들어 내는 한류는, 그야말로 '플랫폼 한류'의 첨단에 있는지도 모르겠다.

플랫폼 한류 첨단의 팬 플랫폼은 앞으로 어떤 모습을 보여 줄까. 엔터테인먼트 자본주의의 새로운 시장 모델이라고는 하나, 팬 플랫폼이 그 영향력을 전 세계로 확대해 나가는 중이라 해서 앞으로도 계속 그럴 것이라 전망하기는 어렵다. 그런데도 산업 자본의 전략이 갈수록 정교화·복잡화되는 경향이, 팬질을 지속해 나가는 데 보다 중요한 영향을 줄 확률은 크며, 적어도 현시점에서 그 중심에 있는 것은 팬 플랫폼이다. 그런 의미에서 다른 나라에서도 팬 플랫폼이 우후죽순 등장하며 OTT처럼 글로벌 차원의 경쟁이 이뤄질 확률도 있다.

앞으로 팬 플랫폼이, 그리고 팬 플랫폼의 내부 자본화를 통한 수익 창출 전략이나 기타 사업 전략이 축소되거나 폐기될 가능성도 있다. 팬 플랫폼이 쇠퇴 혹은 몰락의 길을 걸을 수도 있다는 것이다. 하지만 그 세부 전략 심층에 자리한 산업 자본의 욕망은, 그것이 어떤 형태를 띠든 갈수록 팽창할 수밖에 없다. 그 욕망이 팬들의 감정, 욕구, 표현, 데이터, 심지어 커뮤니케이션까지 자산화해 플랫폼 역할을 하는 다른 무언가를 매개로 팬들을 끊임없이 참여하게끔 만들지 않을까.

팬, 플랫폼, 그리고 한류

팬 플랫폼 한류는 단순히 수출이나 글로벌 진출과 동의어가 아니어야 하고, 경제·산업적 측면만으로 들여다보는 대상 역시 아니어야 한다. 그것은 궁극적으로 우리 일상, 우리 주변의 일상, 더 먼 곳까지의 일상을 자양분으로 삼아야 한다. 장기적이거나 이상적이라 할지라도 국가주의적 기획, 엔터테인먼트 자본주의에 대한 수정뿐 아니라, 탈주류화, 다양성 확보, 팬 커뮤니티 강화 등과 같은 질적 성취에 대한 고려도 필요하다. 엔터테인먼트 산업이 수요를 예측하기 힘든 우발적 요소를 많이 가진 산업임을 감안하면, 내적으로 튼튼하고 실함이 오히려 우연성을 필연성으로 이끌거나 여러 사업의 성공 확률을 높이는 프로젝트일 수 있다.

아무리 한류 논의가 팬보다는 산업 차원에서 이뤄지는 경향이 강하다 해도, 적어도 팬 플랫폼과 관련된 한류 논의에서는 팬의 역할 이야기를 하지 않을 수 없다. 엔터테인먼트사와 미디어의 결합이 강해지는 상황에서 팬들의 역할과 연대가 갈수록 약화되고 있음을 살펴봤다. 그렇다면 앞으로 팬들에게 있어 중요한 일은, 어떻게 팬덤의 무대를 팬들 스스로 만들고 관리하고 유지하고 확장하던 곳으로 되돌릴 수 있을지에 대한 고민일 것이다. 그것이 팬 플랫폼 이전의 팬 커뮤니티든, 수정이 가해지거나 대안적인 팬 플랫폼이든, 아니면 완전히 새로운 어떤 곳이든 말이다. 그 변화에 있어 가장 중요한 역할을 수행하는 주체는 팬이다. 팬덤은 애초에 팬의 것이었고, 앞으로도 그래야 하기 때문이다.

5장

스토리 경험을 확장하다: 제페토

가상/증강 현실이나 생성형 인공 지능 등 새로운 미디어 테크놀로지는 빠른 속도로 대중화되고 있다. 새로운 기술적 환경은 디지털 네이티브Digital Native 세대의 성장으로도 연결된다. 유년기부터 컴퓨터 그래픽으로 만들어 낸 결과물을 보고 성장한 세대는 실사와 3D 그래픽에 대해서 기성세대와는 다른 시각적 감수성을 지니고 있다. 어릴 때부터 자신의 모습을 본딴 아바타를 만들어 정체성을 표현하고, 나아가 게임 속에서 가상 캐릭터를 매개로 타인과 소통해 왔으며, 인간이 아닌 버추얼 휴먼이 등장하는 콘텐츠에 익숙해진 세대들은 자신들이 소비하는 콘텐츠가 실사를 바탕으로 하는지, 3D 그래픽으로 만들어졌는지에 구애받지 않는다.

코로나 팬데믹 시대에 기성세대와 언론에서 메타버스의 가능성에 대해 주목하고 호들갑을 떨 때, 1980년대 중후반

이후에 태어난 디지털 네이티브 세대들은 갸우뚱한 반응을 보였을 수 있다. 소셜 미디어에서 인간관계를 맺고, 게임 속 주인공이 되어 가상 환경에서 각종 스토리를 체험하며, 인플루언서들이 추천하는 상품을 구매하며 일상을 영위해 온 그들의 삶 자체에 이미 온라인과 오프라인의 구분이 없었기 때문이다.

이 장에서는 이렇듯 기성세대와 다른 디지털 감수성을 보여 주는 잘파세대[5]가 주도하는 메타버스 플랫폼에 대해 살펴본다. 메타버스 열풍은 지나간 것처럼 보이지만, 여전히 이들은 제페토, 로블록스 등 3D 가상 환경 기반 플랫폼에서 상호 작용하며 새로운 방식으로 콘텐츠를 소비하고 있다. 뿐만 아니라, '이세계아이돌,' '플레이브' 같은 버추얼 휴먼으로 구성된 아이돌 그룹들이 음원 차트에서 좋은 성적을 보여 주고, 콘서트를 개최하는 등 셀러브리티의 폭마저 확장되고 있다.

여기에서는 여러 유형의 '메타버스' 플랫폼들 중에서 특히 제페토의 사례에 주목한다. 제페토는 네이버의 자회사 네이버제트가 운영하는 서비스로, 3D 아바타를 기반으로 다

5 알파세대(2010년 이후 출생)와 Z세대(1990년대 중반~2000년대 초반 출생)의 합성어다.

양한 소통과 활동을 가능하게 하는 플랫폼이다. 한국 기업이 출시한 서비스이지만 초기부터 해외 이용자 비율이 높은 글로벌 서비스로 자리 잡았다. 아바타 기반으로 이용자 참여와 창작이 활발한 플랫폼이란 점은 다른 메타버스와도 유사성이 있지만, 소셜 미디어와 같은 피드 게시물 운영과 라이브 스트리밍과 같은 특화된 서비스 등을 운영하며 독자적인 특성들도 강화해 가고 있다. 한국 기업이 출시한 서비스가 글로벌 이용자와 만나며 진화해 나간 결과물이란 점에서, 제페토의 사례를 통해서도 '플랫폼 한류'의 한 단면을 확인해 볼 수 있을 것이다.

제페토가 대표하는 메타버스 크리에이터 플랫폼은 겉보기에 이질적인 느낌을 주지만, 자세한 맥락을 살펴보면 이들 세대의 소통을 매개하는 것이 인간에서 가상 캐릭터로 변화했을 뿐, 참여자 중심의 스토리텔링이 핵심이 된다는 점에서 유튜브와 같은 크리에이터 플랫폼과 유사한 면모를 보여 준다. 이런 점에서 제페토는 3D 그래픽 기반의 메타버스로서의 측면에 더하여 '크리에이터 플랫폼'으로서의 측면이 결합된 새로운 플랫폼의 특징을 잘 보여 주는 사례라 할 수 있다.

1. 크리에이터 플랫폼으로서 제페토의 가능성

한국형 초국적 메타버스 플랫폼의 성장

2000년대 이후 인터넷 환경이 전 세계에 보급되면서 미디어를 생산하고 소비하는 방식에는 중대한 변화가 일어났다. 특정한 주체들이 콘텐츠 생산을 독점하는 것이 아니라, 온라인을 이용하는 누구나 자신의 생각이나 창작물을 불특정 다수와 공유할 수 있는 '참여 문화'가 도래했다는 것이 가장 큰 특징으로 여겨진다. 디지털에서의 연결 방식의 변화를 만들어 내는 참여 문화에 대해서 얀 판 데이크Jan van Dijk(2009)는 참여자의 지위가 근본적으로 변화한다기보다 디지털 환경 속에서 개입할 수 있는 문화 상품의 모달리티modality가 달라진 것이라는 점을 지적했다. 사용자가 네트워크 미디어에 더 쉽게 접근할 수 있게 되어 이전에는 전문적인 스튜디오에서만 제작되던 문화 상품을 동일한 다중 모달 언어로 '대화communicate'할 수 있게 되었다는 것이다. 예컨대, 영상을 기반으로 하는 플랫폼에서 불특정 다수가 영상을 제작하여 자신의 이야기를 전달하는 것, 게임 속에서 이용자들이 자신의 아바타를 바탕으로 다른 이용자와 상호 작용하면서 이야기의 일부가 되는 것 등의 변화가 일어나고 있다. 이는 부분적으로는 저렴하고 사용하기 쉬운 디지털 미디어의 가용성 덕분이다(van Dijck, 2009).

네이버가 출시하여 현재 네이버제트가 운영하는 글로벌 플랫폼 제페토는 2024년 하반기 기준으로 글로벌 누적 다운로드 수는 5억 건, 월간 활성 이용자 수는 1,500만 명 이상을 유지하는 등, 상당한 이용자 수를 확보하고 있다. 제페토는 3D 그래픽 기반의 가상 환경을 활용하여 오늘날 디지털 문화 속에서 새로운 참여의 양식을 만들어 내고 있다. 제페토에서의 이용자 경험과 콘텐츠의 속성을 이해하기 위해서는 기술적 차별점을 고려한 논의가 필요하다.

영상 기반 플랫폼에서의 이용자 경험은 미리 완성된 영상을 선형적으로 감상하는 방식으로 이루어진다. 그리고 플랫폼별로 허용하는 범위에서 댓글 등을 활용한 실시간 상호작용이 이루어지게 된다. 하지만 제페토의 이용자는 게임의 플레이어처럼 아바타를 활용하여 공간을 경험하는 방식으로 일종의 서사 공간을 체험하고, 이를 플랫폼이 제공하는 소셜 미디어 피드를 통해 마치 인스타그램이나 페이스북 게시물처럼 기록하여 플랫폼 내의 다른 이용자들에게 공개한다.

일반적인 인터넷 이용자들이 상호 작용할 수 있는 소통 수단이 텍스트 혹은 이미지나 영상이었다면, 제페토는 3D 그래픽을 활용한 버추얼 아바타를 매개로 실시간으로 플랫폼 내 오브젝트나 다른 이용자와 상호 작용할 수 있는 환경을 제공한다. 3D 환경에서의 실시간 상호 작용을 위해서는 방대한 정보를 전송할 수 있는 인프라가 요구된다. 모바일 기기를 통해서 대용량의 그래픽을 전송할 수 있는 통신 기술의 발달이 있었기에 가능한 일이다. 한편으로 이러한 새로운 소통 환경에서 제페토 이용자에게는 어느 수준이 자율성이 허용되고 있으며, 이들은 어떠한 종류의 즐거움을 누리고 있을까?

텔레비전이나 신문 등 전통 미디어의 시대에 콘텐츠 생산자와 이용자의 관계는 일방향적인 소통에 가까웠다. 하지만 소셜 미디어가 대중화된 이래, 새로운 방식의 소통을 가능하게 하는 기술적인 변화로 인하여 콘텐츠 생산자와 이용자 간의 관계에 중대한 변화가 일어났다. 대표적으로 2005년 전후 '플랫폼으로서 웹'이라는 개념을 중심으로 '개방,' '공유,' '협력,' '참여'라는 네트워크 기반 키워드를 통해 웹2.0 시대가 정의되었다. 이 시기 유튜브, 참여형 백과사전 위키피디아Wikipedia, 마이스페이스Myspace 등의 마이크로 블로그가 등장하면서 다수의 대중이 생산하는 정보에 기반한 개인 미디어 기반 플랫폼들이 이전과는 다른 방식으로 개인 간의 소통을 매개하기 시작했다.

미디어학자 판 데이크(van Dijck, 2009)는 이 시기 미디어 플랫폼에서 일어나는 변화를 세 가지 관점에서 분석했다. 첫 번째는 문화이론의 관점이다. 레거시 미디어 시대 콘텐츠 제작자들이 제공하는 결과물을 일방적으로 시청해야 하는 수동적인 수용자recipients를 상정하였다면, 소셜 미디어 시대의 수용자는 적극적으로 해석하고 상호 작용을 하는 능동적인 참여자로 여겨진다.

두 번째로 산업적 관점에서는 생산된 콘텐츠를 구매하는 소비자에서 플랫폼에 콘텐츠를 공급하는 생산자로서의 위치 변화가 있었음에 주목한다. 소셜 미디어 플랫폼들은 전문적인 콘텐츠 제작자가 아닌 '평범한' 이용자들을 대상으로 콘텐츠를 수급하고, 여기에 대한 경제적인 대가를 지불하는 산업을 구축하였다.

마지막으로 살펴봐야 하는 것은 경제/노동 문제의 관점이다. 콘텐츠 생산자가 수행하는 노동의 성격이 변화한 것이 이에 해당된다. 레거시 미디어에 콘텐츠를 공급하는 프리랜서 창작자 혹은 기업은 콘텐츠마다 일정한 비용을 지급받고 이를 공급하지만, 주로 플랫폼을 대상으로 이루어지는 크리에이터들의 노동은 유의미한 수익이 확보될 때까지 필수적으로 아마추어/자원봉사자로서의 부불 노동 기간을 거치게 된다. 대체적으로 크리에이터들에게 지급되는 수익이 그들이 자신의 콘텐츠에 대한 의미 있는 규모의 청중을 스스로 모으는 것을 전제로 지급되기 때문이다.

제페토의 경우 3D 그래픽 환경을 기반으로 '한국발' 메타버스 플랫폼을 표방하고 있다. 플랫폼을 구성하는 기술적 요인들이 영상 기반 플랫폼과 새로운 경험을 제공하고 있는 상황에서 미디어 기업, 광고주, 이용자 간의 권력관계에 어떠한 변화가 일어나는지를 이해하기 위해서는 이용자 행위성agency에 대한 깊이 있는 논의가 필요하다.

융합 콘텐츠 경험을 이해하기 위한 기술/산업/문화적 키워드를 바탕으로 제페토를 통해 가능해진 경험들, 그리고 이용자와의 상호 작용을 통해서 성장해 나갈 플랫폼이 앞으로 유의해야 할 지점들이 무엇인지를 살펴보고자 한다. 이를 위해 뉴 미디어 스토리텔링의 차원에서 제페토가 제공하는 경험의 특성을 살펴본다.

크리에이터 이코노미의 기본 원리

이용자가 자발적으로 업로드하는 콘텐츠를 기반으로 운영되는 크리에이터 이코노미Creator Economy의 대표적 사례로는 유튜브를 들 수 있다. 2024년 기준 월간 활성 사용자 수가 27억 명 이상으로 추정되는 유튜브는 일반인 크리에이터들이 가장 대중적으로 접근할 수 있는 플랫폼으로서 영향력을 발휘하고 있다. 플랫폼 비즈니스 면에서 유튜브는 콘텐츠를 불특정 다수에게 공개하고자 하는 크리에이터의 요구와, 무료로 영상 콘텐츠를 시청하고자 하는 이용자들이라는 두 축의 고객을 상대한다는 면에서 양면 시장two sided market을 특성으로 한다(그림 5 참조).

그림 5 크리에이터 플랫폼의 양면 시장적 속성

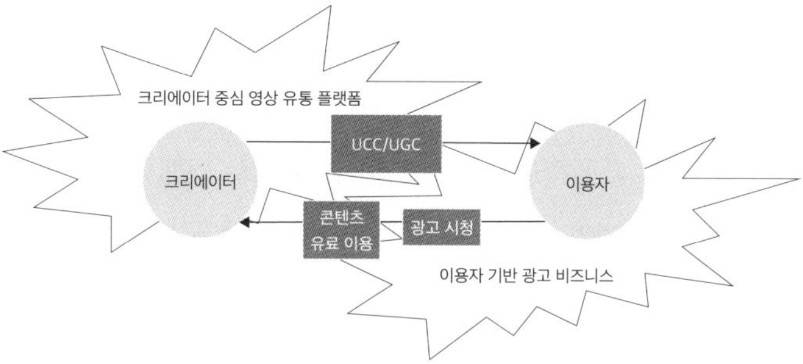

한편, 영상 콘텐츠를 중심으로 한 유튜브와 유사하게 마인크래프트, 로블록스 등의 메타버스 플랫폼들도 자율적인 공간 생성 기능을 바탕으로 한 크리에이터 기반 콘텐츠를 유통하는 창구로서의 기능을 하고 있다. 이들 플랫폼의 공통점은 온라인·모바일 콘텐츠 제작자/크리에이터가 온라인·모바일 플랫폼에서 많은 팔로워를 거느리며 자신의 콘텐츠를 활용해 수익을 올리는 산업이라는 점이다.

오늘날 온라인을 중심으로 형성되는 크리에이터 이코노미는 1990년대 말부터 형성되었다. 애니메이터, 일러스트레이터 등이 자신의 홈페이지나 블로그와 같은 온라인에 창작물을 게시하고 수익을 창출하는 산업이 형성되기 시작한 것이다. 이것이 소셜 미디어 산업이 발달하면서 성장이 가속화되었으며, 크리에이터들의 창작물 기반 플랫폼들이 성장하면서 광고 수익 외에 소비자가 직접 콘텐츠 이용 대가를 지불하는 D2C(Direct 2 Creator) 비즈니스 모델에도 다양한 전략이 등장했다(한국콘텐츠진흥원, 2022). 이를 영상 콘텐츠 분야에서 수익화하는 데 성공한 유튜브는 2007년부터 크리에이터에게 수익을 공유하는 '유튜브 파트너 프로그램(YPP)'을 운영한다. 광고, 브랜드 콘텐츠, 구독 멤버십, 상품 판매, 유료 디지털 상품 등 약 10가지의 수익 창출 기능을 제공하고 있다. 그중 대표적인 것은 크게 광고 수익, 채널 멤버십, 도네이션 기능이라 할 수 있다.

유튜브가 크리에이터에게 수익을 분배하는 방식은 광고 수익 분배에 한정되어 있었으나, 점차 실시간 스트리밍, 숏폼 등을 다루는 플랫폼들이 새로운 수익 배분 전략 등을 시도하면서 현재와 같은 방식의 다양한 수익 분배 방식이 일반화되었다. 웹툰 플랫폼 역시 대표적인 크리에이터 중심 플랫폼이다.

3D 그래픽스 기반 크리에이터 플랫폼의 기술 양식

2010년 전후로 소셜 미디어 대중화를 가져왔던 플랫폼들은 텍스트나 네트워킹(트위터, 페이스북), 이미지(인스타그램), 동영상(유튜브)을 기반으로 성장했다. 3D 그래픽 기반의 제페토에서 콘텐츠를 생산하는 것은 게임 환경을 개발하는 것과 유사한 기술 양식을 활용한다. 그러면서도 공간 안에서는 사실적인 체험이나 실시간 상호 작용이 이루어진다는 측면에서 영상 스트리밍 플랫폼이 충족시켜 주는 기능을 수행하기도 한다.

제페토의 기술적 양식은 코로나19 팬데믹 기간에 각광 받았던 로블록스와 자유도가 높은 샌드박스 게임인 마인크래프트와 비교해서 논의해 볼 만하다. 로블록스는 2024년 기준 4,000만 개의 게임이 등록되어 있으며, 크리에이터가 만든 게임을, 사용자들이 게임 화폐(로벅스)로 결제한 뒤 이용하는 방식을 따른다. 게다가 로벅스는 현금화가 가능하다는 면에서 수익을 기대하는 일반 크리에이터들의 참여를 독려하는 구조를 띠고 있다. 이 때문에 게임판 유튜브로 불리기도 했다. 이용자들이 게임 내 환경을 특정한 세계관을 부여해 꾸밀 수 있는 조건을 제공하는 마인크래프트 역시 이용자들이 맵 등을 판매할 수 있다는 점에서 3D 그래픽스 기반 크리에이터 플랫폼적 요소를 보여 준다.

마인크래프트와 로블록스, 제페토 사이의 차이는 시각적 디자인의 자유도에 있다. 제페토는 게임 기반 플랫폼에 비해 얼굴 생김새나 표정을 디테일하게 설정하는 기능을 제공함으로써 인물의 표정이나 꾸밈에 있어 높은 자유도를 보장한다. 게임 속 세계관에 맞는 경험뿐 아니라 실생활에 가까운 사실적인 체험에 방점을 둔 플랫폼임을 알 수 있다.

제페토에서의 크리에이터 창작물은 실생활을 기록하는

인스타그램이나 페이스북과 같은 소셜 미디어를 3D 그래픽 환경에서 구사한 것과 같은 요소를 구현할 수 있게 된다. 제페토에서 크리에이터들이 만들 수 있는 창작물은 또 플랫폼 내에서의 활동을 이미지나 영상으로 저장하여 플랫폼 내부의 피드 혹은 외부의 플랫폼에 게시하는 것까지 확장되기도 한다.

이 같은 맥락에서 제페토를 활용한 크리에이터 콘텐츠 유형을 망라해 보면 다음과 같다. 첫 번째로 아바타와 아바타들이 활동할 수 있는 맵을 뜻하는 월드 등 플랫폼 내 경험의 핵심 요소, 두 번째로 플랫폼에서 활용할 수 있는 패션 아이템, 맵 안의 오브젝트 등 부가 아이템, 세 번째로 권한이 주어진 크리에이터들이 진행할 수 있는 실시간 방송에 해당하는 라이브 스트리밍, 마지막으로 플랫폼 내 외부 소셜 미디어에서 활용하게 되는 화면 녹화 기능을 활용한, 브이로그/드라마 등 영상 콘텐츠 등으로 설명할 수 있다.

제페토 크리에이터들은 월드 제작이나 부가 아이템을 만드는 데 디자인 콘셉트 혹은 세계관이라고 할 수 있는 기획 요소를 고안하게 되고, 이 과정에서 아이템 구매자들의 취향에 어필하는 요소를 갖춤으로써 수익을 확보할 수 있다. 제페토 안의 경험이 가상의 세계관에 근거한 경우도 있지만 학교 교실이나 캠핑장, 한강 공원 등 사실적 경험을 표방하는 경우가 많다. 또한 10~20대 이용자들이 이 공간 안에서의 자기 경험을 이미지로 캡처하여 피드에 게시하면서 다른 이용자들과 소통한다고 볼 때, 제페토 크리에이터는 공간을 매개로 하는 경험의 창작자 역할을 한다고 볼 수 있다. 게임 판매·아이템 판매, 월드 제작과 같은 3D 콘텐츠 창작자이자, 게임 내 경험을 영상으로 촬영하고, 이용자들의 취향에 맞는 아바타 커스텀과 리터칭 실력을 보여 주는 등 인플루언서 활동에 가까운 능력을 보여 줘야 하는 존재다.

비즈니스 모델의 측면에서 영상 콘텐츠 기반 플랫폼과 제페토를 비교하면 제페토에서 크리에이터에게 주어지는 비즈니스 모델은 완결된 콘텐츠가 아닌 일종의 구성 요소asset를 판매하는 방식이라는 점에서 고도화된 것이라 할 수 있다. 이뿐 아니라 제페토는 일반 이용자를 주축으로 하는 C2C 상호 작용과 이용자를 대상으로 수익 활동을 하고자 하는 기업들이 주축이 되는 B2C 상호 작용 또한 적극적으로 도모하고 있다. 플랫폼으로써 제페토는 B2C 마케팅 유치를 위한 중재자 역할을 통해 B2B 수익 모델을 운용하고 있다.

푸마Puma, DKNY와 같은 의류 브랜드, 빙그레, 삼다수 등의 식료품 제조사, 아모레퍼시픽 등의 뷰티 브랜드 등 다양한 소비재 생산 기업들이 고객들과의 접점을 만들기 위한 공간으로서 제페토를 활용하고 있다. 나아가 제페토가 제공하는 소셜 미디어 피드 및 라이브 방송 등 인플루언서 활동을 할 수 있는 기능은 간접 광고(PPL)를 가능하게 하는 환경을 제공함으로써, 또 다른 유형의 B2C 비즈니스 기회를 제공한다.

제페토가 보여 주는 플랫폼으로서의 특성 중에서 주목해야 할 마지막 특성은 제페토가 한국발 초국적 플랫폼이라는 점이다. 제페토는 월드나 아이템과 같은 콘텐츠를 출시하는 단계에서부터 동시에 초국적으로 발행되는 글로벌 플랫폼이다. 전통적인 영상 콘텐츠는 물론 웹툰과 같은 디지털 콘텐츠 역시 제작-유통 과정에서 번역 등에 요구되는 일정한 비용과 시간이 소요됨을 고려하면, 제페토에서 거래되는 상품은 일종의 비언어적인 상품으로 별도의 언어적인 번안이 요구되지 않는다.

2. 제페토가 매개하는 서사 경험

제페토 크리에이터: 공간을 매개로 한 경험의 창작자

제페토에서의 콘텐츠는 크게 아바타(만들기), 월드, 피드, 그리고 사용자 간의 네트워킹을 지원하는 클럽 기능 등이 있다. 피드나 클럽 기능 등은 기존의 소셜 미디어 플랫폼에서 제공하던 서비스의 연장선이라면 이용자가 자신의 아바타를 이용해서 월드 공간을 경험한다는 점은 제페토의 중요한 차별점이다.

유튜브 등의 영상 기반 플랫폼에서 중심이 되는 사용자 경험은 영상 시청이다. 하지만 제페토에서 이용자는 자신의 취향과 이용 목적에 맞는 기능을 제공하는 월드에 접속하는 방식으로 콘텐츠를 경험한다. 영상 플랫폼에서의 크리에이터들이 기승전결이 있는 서사를 만듦으로써 콘텐츠를 제공한다면 제페토에서의 1인 크리에이터들은 공간이나 오브젝트를 창작한다는 차이를 가진다.[6]

5G 시대가 도래하는 등 통신 인프라가 강화되면서 실시간으로 고해상도의 영상을 송출하는 스트리밍 플랫폼인 트위치, 아프리카TV, 치지직 등 일반 스트리머의 실시간 방송을 지원하는 플랫폼도 크게 성장했다. 스마트폰의 대중화 이래 영상 촬영 및 편집에 요구되는 기술의 수준이 낮아지고, 무료로 이용할 수 있는 다양한 툴이 보급되면서 영상 콘텐츠를 기반으로 하는 플랫폼이 활성화된 바 있다.

플랫폼 비즈니스에서 기술적 진입 장벽은 의미 있는 규

6 수익 모델의 차원에서 제페토는 기존의 브랜드들에 자신들의 정체성을 반영한 월드를 만들어 이를 잠재 고객들이 경험할 수 있는 홍보 창구를 제공하는 방식으로 광고료를 부과하기도 하나, 이 장에서는 공급자 유형보다는 공간에서의 경험 속성에 따른 분류를 시도하고자 한다. 하지만 이를 통해 공급자 유형이 아닌, 공간에서의 경험 속성에 따른 분류를 시도하는 것을 통해 뉴 미디어 서사로서의 스토리텔링 측면에서 갖는 특성에 대한 이해를 도모하고자 한다.

모의 이용자를 확보하는 데 상당한 저해 요인이 될 수 있다. 3D 공간을 매개로 하는 경험을 제공하는 제페토에서 콘텐츠를 제작하는 것은 영상 콘텐츠를 만드는 것과 다른 방식의 기술적 숙련도를 요구한다. 하지만 제페토는 이용자의 기술 숙련도별로 생산 양식을 제공한다. 만약에 기본적인 소프트웨어 활용 지식이 없는 사람이라면, 맵의 이용자로서 단순히 제공되는 콘텐츠를 즐기고, 제페토 내에서 제공하는 피드에 자신의 경험을 공유하는 방식으로 플랫폼에 기여하게 된다. 이 지점에서 제페토가 아바타나 월드를 제작하는 데 이용자가 활용하게 될 생산 양식을 제공하는 방식은 플랫폼의 성장에 있어 핵심 요인이었다고 할 수 있다.

크리에이터 플랫폼으로서 제페토의 특징은 텍스트나 이미지, 영상 중심의 플랫폼에 비하여 가상 공간에 요구되는 3D 오브젝트를 제작하는 데 일반적으로 더 높은 수준의 그래픽 툴 숙련도가 요구된다는 점이다. 이때 제페토는 기술 숙련도 면에서 이용자의 소프트웨어 활용 능력에 따라 접근 자체에 제한을 주기보다, 숙련된 이용자일수록 높은 수준의 경험을 가능하게 하는 방식으로 차등을 둠으로써 다양한 수준의 소프트웨어 활용 능력을 가진 이용자를 대상으로 상대적으로 폭넓은 창작 경험을 제공하는 제반 환경을 구축하였다. 예컨대, 의상이나 액세서리 등의 아이템을 제작하는 경우에 포토샵 정도의 기초 그래픽 툴을 활용하여 제공되는 템플릿에 맞추어 아이템을 제작할 수 있고, 전문가용 소프트웨어라고 할 수 있는 게임 엔진인 유니티, 3D툴인 마야Maya, 블렌더Blender를 사용할 수 있는 이용자들은 그에 맞게 조금 더 높은 자유도를 가지고 아이템을 제작할 수 있다.

맵을 제작할 때 역시 빌드업 기능을 활용하여 기초적으로 제시되는 아이템을 배열하는 것만으로도 맵 안에서 이용자 경험을 설계할 수 있다. 이 경우에도 유니티를 활용할 경우에, 맵 안의 아이템과 상호 작용하는 기능 등 보다 높은 단계의 경험을 제공하는 맵을 제작하는 것이 가능하다.

플랫폼 내 콘텐츠 공급자라고 할 수 있는 크리에이터들은 플랫폼 활성화를 위해 필수적인 존재이며, 이들은 전통 방송의 콘텐츠 제작 스튜디오와 유사한 역할을 수행한다. 이용자들이 플랫폼에 접속해서 경험할 수 있는 환경을 구성하는 것은, 제페토가 제공하는 콘텐츠의 기본 요소로서 선형적인 영상 매체에서의 콘텐츠 제공자provider의 역할에 해당한다. 이는 곧 다수의 이용자가 플랫폼에 체류하는 시간을 증대하는 데 필수적인 요소다. 따라서 이용자들의 콘텐츠 경험 및 상호 작용을 활성화하기 위해서는 콘텐츠의 다양성을 확보하는 것이 중요하다.

트랜스미디어 스토리텔링: 서사적 미디어에서 놀이적 미디어로

헨리 젱킨스Henry Jenkins는 미디어 융합 환경에서 IP의 부가 가치를 높이기 위해서 미디어 기업들이 다양한 플랫폼을 넘나들면서 하나의 콘텐츠를 응용하는 전략을 개발하는 상황에 주목했다. 예를 들어, 확장은 콘텐츠를 선보일 수 있는 다양한 채널들과 그 잠재 시장을 확대하는 것이고, 시너지는 파생된 콘텐츠를 소유하고 통제할 수 있는 능력에서 얻게 되는 경제적 기회를, 프랜차이즈는 이런 상황에서 생성, 보유한 콘텐츠를 브랜딩하고 마케팅하는 일련의 시도를 말한다(Jenkins, 2008: 41).

이 같은 미디어 융합 논리 속에서 제페토는 콘텐츠를 확장하는 창구로 작동한다. 오랫동안 전 세계 미디어 업계는 콘텐츠 IP의 부가 가치를 극대화하는 전략을 개발해 왔다. 움베르토 에코Umberto Eco(1985)는 일찍이 문화산업이 영화나 텔레비전의 시대에 연속성과 반복을 활용해 이윤을 창출해 온 전략들을 체계적으로 설명한 바 있다. 그 첫 번째 방식은 블록버스터 영화에서 주로 활용되어 온 리테이크retake다. 이야기의 배경과 중심인물을 활용해 '프리퀄prequel'이나 '시퀄sequel'의 형태로 원작의 시기상 앞 이야기 혹은 이어지는 이야기를 다루는 것이다. 이는 이후 원작의 주변 인물을 중심인물 자리에 두고 이야기를 펼쳐나가는 '스핀 오프spin-off' 방식으로 확장되기도 했다. 두 번째는 원작의 뼈대를 다른 국가로 수출하는 방식으로 주로 이루어졌던, 리메이크다. 한국에서 방영되어 큰 인기를 끈 〈이태원 클라쓰〉의 배경을 일본 도쿄로 옮겨 다시 만들었던 〈롯폰기 클라쓰〉가 그 예시다. 또 텔레비전에서 익숙하게 여러 에피소드에 걸쳐 이야기를 펼쳐나가는 시리즈 방식, 마치 한국의 대하 사극과 같이 일가의 이야기를 장기적으로 다루는 사가Saga 등은 영상 매체에서 수익을 극대화하기 위한 스토리텔링 전략이라 할 수 있다.

텔레비전과 영화 외에 만화나 웹툰, 테마파크나 캐릭터 산업 등으로 엔터테인먼트 산업의 규모와 전략이 성장하면서, 동일한 영상 매체에서가 아니라 다른 창구로 IP를 확장시키는 전략들이 본격화되었다. 초창기 성공한 원작을 다른 창구로 옮겨 반복/재생산하는 이 같은 전략은 OSMU라는 개념으로 이해되었다. 다른 형태의 상품을 개발하여 만화에서 영화로, 영화에서 캐릭터 상품으로 모습을 바꾸며 부가 가치를 만들어 내는 것이다.

하지만 젱킨스가 짚어 낸 미디어 융합의 논리 안에서는 트랜스미디어 스토리텔링이라는 새로운 전략이 대두되었다. 이때 OSMU와의 차이는 IP의 확장이 동시다발적으로 일어나면서 각기 다른 미디어의 스토리 요소가 유기적으로 '세계관'을 구축한다는 점이다. 또한 새로운 플랫폼의 기술적 요소를 활용하여 사용자와 적극적으로 상호 작용하고, 플랫폼별로 존재하는 이용자를 겨냥함으로써 원천 콘텐츠를 경험하지 않은 새로운 이용자를 유입시킬 수 있다는 점에서 차이를 읽어 낼 수 있다(김희경, 2015).

제페토에서의 스토리텔링은 특정한 IP의 세계관을 활용한다는 점에서 3D 환경으로 IP 경험을 확장하는 트랜스미디어 스토리텔링의 사례라 할 수 있다. 영화나 드라마 등으로 익숙해진 서사와 세계관에 기반을 둔 월드나 아이템을 제작하여, 이용자들이 해당 IP와 형성하는 친밀감을 메타버스 플랫폼 속 아이템으로 전이시키는 것이다.

플랫폼에서 활용되는 IP는 매우 다양하다. 영화나 드라마뿐 아니라 애니메이션, 혹은 K팝 뮤직비디오 등 다양한 콘텐츠의 세계관을 바탕으로 메타버스 공간으로 IP 경험을 확장시키는 것이 활발하게 이루어지고 있다. 가령 디즈니 애니메이션 〈토이스토리*Toy Story*〉에 등장하는 캐릭터의 특성을 본딴 아바타와 영화에 등장하는 공간을 구현한 월드를 제작하거나, 디즈니를 상징하는 미키마우스와 미니마우스를 연상시키는 머리 장식과 의상을 만드는 것 등이 이에 해당된다.

이 같은 행위는 IP 경험의 확장이라 설명할 수 있다. 기존의 미디어 채널과 상이한 방식으로 세계관을 경험하게 하는 것이다. 이때 '세계관'이란 개념은 역시 할리우드 블록버스터 영화에서 팬덤과 소통하면서 지속적으로 영향력을 유지하기 위해 활용해 온 중요한 전략 중 하나다.

헨리 젱킨스(Jenkins, 2006)는 〈에일리언*Alien*〉, 〈매트릭스*The Matrix*〉, 〈엑스맨*X-Men*〉 등의 프랜차이즈 영화 시리즈의 사례를 들어, 디지털 플랫폼에서의 상호 작용은 분절화되고 파편적으로 이루어지기 때문에 콘텐츠와 이용자 간의 관계를 지속적으로 이어나갈 수 있는 수단으로써 '세계관'의 존재가 중요하게 여겨진다고 주장했다. 인터넷 등장 이후 더 이상 사람들이 순차적으로 내러티브를 소비하는 시대가 아니게 되면서, 일관되지 않은 정보에 일종의 통일성을 부여하는 전략으로서 '세계관'의 역할이 주목받고 있다(Ross, 2011).

한편, 제페토에서의 스토리텔링은 게임적 공간을 연출하는 방식으로 이루어진다. 이곳에서 이용자들은 일인칭 시점으로 서사를 체험한다. 주어진 가상 공간 안에서의 자유도는 맵의 제작자가 의도한 것에 따라 상이하다. 때로는 방탈출, 타이쿤게임 등 게임 문법에 따라 공간을 경험해야 하지만, 많은 맵은 연습실, 매점, 학교 교실 등 공간에 대한 정보만 제공된 채 이용자 간의 상호 작용에 따라 다른 방식의 이야기를 경험하도록 하는 것이다.

제페토의 스토리 경험을 서사 이론의 관점에서 해석해보면, 시각 매체의 감상자로서의 역할이 부여되는 '내러톨로지'적 미디어가 아니라, 게임 안에서의 플레이어로서의 역할에서 오는 '놀이' 요소, 즉 '루돌로지Ludology'적인 체험을 제공(Frasca, 1999; 강신규, 2019에서 재인용)한다는 면에서 독특성을 보

그림 6 제페토에서 나타나는 IP/매체 확장의 특성

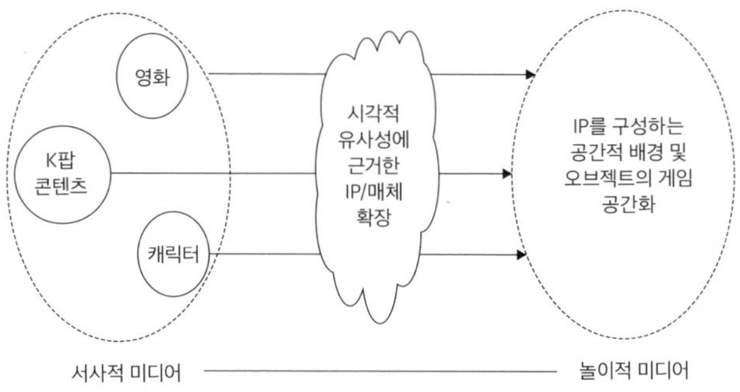

여 주는 경험적 현상이라고 해석할 수 있다. 그림 6에서 보여 주듯이 영화나 뮤직비디오와 같은 서사적 매체에서 만들어진 문화산업의 IP에 등장하는 공간적 배경이나 오브젝트, 캐릭터의 특성 등을 3D 공간에서 구현한다는 것은 이용자들이 식별할 수 있는 시각적 유사성에 근거하여 이를 3D 요소로 변환함으로써 IP 혹은 세계관을 경험하는 새로운 창구를 제공하는 의미를 가진다고 볼 수 있다.

한편, 제페토에서는 문화 콘텐츠 IP가 아닌 브랜드 아이덴티티 등을 활용하여 완결성 있는 대안적 가상 세계 창작하는 방식도 관찰된다. 이는 제페토라는 공간이 서사가 완성된 스토리텔링을 감상하는 방식이라기보다, 스토리리빙story-living적 체험에 가까운 방식으로, 이용자에게 놀이적 미디어의 특성이 강화된 경험을 제공하는 데서 오는 새로운 가능성이다. 때문에 기승전결이 있는 서사가 있는 IP뿐 아니라 기업의 로고나 매장 디자인과 같은 상표권의 구성 요소들을 활용해 공간을 구성함으로써, 기업의 IP를 경험할 기회를 제공하는 것이다. 한국의 편의점 브랜드인 CU의 브랜드 아이덴티티를 활용해 현실감을 만들어 낸 한강공원 월드가 대표적인 사례라 할 수 있다.

이 때문에 K팝 아티스트 IP에 대한 콘텐츠를 만드는 창구로서도 제페토가 선호되고 있다. K팝 산업 역시 아티스트가 발매하는 앨범들을 관통하는 세계관을 만들면서 팬들과의 소통을 촉진시키는 전략을 적극적으로 쓰는 점이 널리 알려진 바 있다. K팝 걸그룹 ITZY가 선보인 방식은 모션 캡처 기술을 활용해 자신들의 기존 뮤직비디오를 가상 환경 버전으로 재창작하여 제공한 것이다.

나아가 전통적인 앨범과 공연, 그리고 캐릭터 상품 등의 굿즈 외에도 제페토에서의 3D 공간은 세계관의 활용 차원에서 팬들이 콘텐츠를 수동적으로 소비하는 게 아니라, 아바타를 매개해 직접 수행할 수 있는 방식의 체험을 제공한다. 예컨대, 블랙핑크의 뮤직비디오를 감상하고 노래를 따라 부르는 것을 넘어서, 직접 아바타를 통해 안무를 추고 그것을 팔로워들에게 공유하는 방식의 경험을 선사하는 것이다.

3. 메타버스 크리에이터에게도 성장 서사가 필요하다

양면 시장과 경제적 보상 체계

플랫폼 경쟁력 차원에서 지속 가능성을 논하기 위해서는 앞서 언급했듯이 크리에이터 콘텐츠 플랫폼으로서 제페토가 양면 시장two-sided market의 성격을 가지고 있다는 점을 상기할 필요가 있다. 양면 시장을 기반으로 하는 플랫폼에서 이용자는 콘텐츠 이용(광고 시청) 시간과 직접 구독료를 플랫폼에 지불하고, 크리에이터는 구독자 규모를 기반으로 한 직간접 수익을 기대하며 부불 노동에 참여한다. 제페토에서는 아이템 마켓이 수익 창출의 중심으로 기능하며, 이때 플랫폼은 양쪽으로부터의 수수료 수익을 거두게 되는 플랫폼 비즈니스의 보편적 형태다.

크리에이터 중심 영상 유통 플랫폼들은 이들이 확보한 방대한 구독자 커뮤니티를 활용하여 이용자 기반 광고 비즈니스를 수행한다. 따라서 경쟁 플랫폼에 비해서 많은 규모의 크리에이터를 유지하는 것을 근본적인 과제로 안고 있다. 예를 들어, 유튜브는 2007년부터 '유튜브 파트너 프로그램YouTube Partner Program'을 지속적으로 정교화해 왔다. 크리에이터들과 수익을 공유하는 방식에 있어 초기 광고 수익 분배에서 시작해 국내외 사업자들과의 경쟁 속에서 아프리카TV의 '별풍선' 시스템을 연상시키는 방송 중 직접 과금 시스템 '슈퍼챗,' 채널별 구독 시스템, 커머스 기능 등을 순차적으로 추가해 왔다.

첫 번째로 광고 수익이란, 일정한 조건을 충족시키는 크리에이터를 대상으로 동영상 내에 광고를 삽입하고, 재생 횟수에 따라 유튜버에게 수익을 분배하는 것이다. 두 번째는 슈퍼챗 등의 도네이션 기능으로, 영상을 시청하면서 시청자가 크리에이터에게 원하는 금액을 직접 지불하는 것이 이에 해당한다. 또한 채널 멤버십 기능이란 크리에이터 채널을 단위로 하여 크리에이터가 자신의 콘텐츠의 일부를 월정액을 지불한 고객을 대상으로 구독 모델을 운영할 수 있는 기능이다.

이 관점에서 크리에이터 중심 플랫폼에 주어진 과제 중 하나는 매력적인 광고 플랫폼으로써의 평판을 유지하는 것이다. 따라서 일정한 구독자와 재생 시간을 확보한 크리에이터만을 대상으로 하여 수익화 기능을 이용할 권한을 부여하고, 뿐만 아니라 커뮤니티 가이드라인을 정하여 일련의 기준을 준수하지 않은 크리에이터들이 만들어 낸 콘텐츠를 삭제하거나 제재를 가한다. 양질의 크리에이터들을 다량으로 보유하는 것이 플랫폼 경쟁력의 핵심이라는 의미다.

문화적 보상: 크리에이터 성장 서사의 필요성

유튜브의 사례를 볼 때 지속적으로 크리에이터를 유입시키기 위해서는 경제적 보상 체계를 넘어, 문화적인 롤모델을 제시할 필요가 있다. 유튜브는 플랫폼의 활력을 유지하기 위해서 지속적으로 크리에이터 생태계를 확보하기 위한 노력을 기울여 왔으며, 전 세계 곳곳에 살고 있는 개인이 세대와 성별, 국적을 뛰어넘어 '자신의 이야기를 직접 말할 기회를 제공한다'는 것이 유튜브 정신임을 강조해 왔다.

한국에서 노년층 유튜버 박막례가 인기를 끌자, 2018년 구글은 자사 I/O 컨퍼런스에 유튜버 박막례를 초대했고, 당시 유튜브 CEO 선다 피차이Sundar Pichai가 직접 그녀를 만나 노고를 치하했다. 2019년에는 유튜브의 CEO 수전 워치츠키Susan Wojcicki가 방한해 그녀의 채널에 출연했다. 구독자 수 규모를 넘어 70대 여성의 활기찬 일상을 보여 주는 '박막례 할머니' 채널이 지닌 상징성에 주목한 것이다. 이외에도 '평범한' 사람이 크리에이터로 성장할 수 있는 플랫폼이라는 증거가 꾸준히 대중적으로 각인 되고 있다.

2023년 넷플릭스 예능 〈데블스 플랜〉에서 주목받은 곽튜브는 대사관 직원 출신으로 2018년 '곽튜브'라는 채널을 개설하고 아제르바이잔에서 시작해 여행 유튜브 시작하여 2024년 현재 구독자 180만 명 이상을 확보하며 다양한 방송 프로그램에 출연하고 있다. 뿐만 아니라 2023년 MBC 방송연예대상에서 여자신인상을 수상한 풍자는 2016년 스트리밍 플랫폼인 아프리카TV에서 성소수자의 일상을 다루는 BJ로 시작해 2019년 유튜브에 채널을 개설한 이래 텔레비전 방송에 진출하면서 명성을 얻었다.

네이버 역시 일찍이 웹툰 분야에서 창작자 생태계 조성의 성공 모델을 보여 준 바 있다. 네이버는 일찍이 국내에서 웹툰 생태계를 활성화하기 위해서 기성 작가가 아닌 아마추어 작가를 발굴하기 위한 '도전만화' 플랫폼을 활용하여, 독자들의 인기를 끈 작가들이 프로 작가로 데뷔할 기회를 제공해 왔다. 네이버는 북미 시장에 진출할 때도 한국 작가들의 작품들을 서비스하는 동시에 현지 작가 생태계를 구축하기 위하여 아마추어 작가들을 위한 플랫폼 '캔버스'를 서비스했다. 전통적으로 그래픽 노블 등 자국의 만화 포맷의 영향력이 강력한 북미 시장에서 한국의 웹툰이 인기를 끌기 위해서는 독자들에게 세로 스크롤을 중심으로 하는 웹툰이라는 장르 자체를 익숙하게 만들어야 하기 때문이다. 네이버가 배출한 '기안84,' '침착맨(구 이말년)' 등의 크리에이터들은 웹툰에서의 영향력을 바탕으로 스트리밍 플랫폼, 텔레비전 방송 분야 등에 진출하여 인지도를 높임으로써 국내 웹툰 시장의 영향력을 대중적으로 알리는 역할 또한 수행하였다.

유튜브나 웹툰 시장에서 성장한 크리에이터들은 사회문

화적으로 평범한 개인이 성장할 수 있는 플랫폼이라는 인식을 대중에게 심어 주고 있고, 이 같은 상징성은 지속적으로 새로운 크리에이터들이 플랫폼에 유입되는 동인이 된다. 하지만 크리에이터 플랫폼이라는 맥락에서 제페토에서의 생산 활동에는 몇 가지 논의해 볼 만한 지점이 있다.

우선 콘텐츠 생산자의 익명성이, 크리에이터 이코노미에서 불특정 다수의 창작자로 하여금 창작에 뛰어들게 하는 것은 명성 혹은 경제적 보상이 전제되어야 한다. 경제/노동 문제의 관점에서 실명이나 얼굴이 공개되지 않는다는 특성은 '유명 창작자'를 배출하는 데 양가성을 가진다. 부정적인 측면은 우선 콘텐츠 생산자의 익명화로 인해 다른 창작자들의 경제적 성과가 쉽게 가시화되지 않는다는 점이다.

이는 단순히 얼굴이 공개되지 않기 때문이 아니라, 제페토에서 거래되는 것이 완결된 콘텐츠가 아닌 월드나 오브젝트 같은 콘텐츠의 구성 요소이기 때문에 이를 경험할 때 창작자보다는 차용하고 있는 IP나 세계관에 방점이 찍히기 때문이기도 하다. 유튜브나 웹툰 플랫폼에서 크리에이터의 실적이 금전적 보상뿐 아니라 조회 수 등의 순위에서 나타나는 성장세라고 볼 때, 개별 크리에이터의 흥행 지표가 비가시적이라는 점이 일종의 '롤 모델' 크리에이터의 탄생을 어렵게 하는 요인이라고 볼 수 있다. 인기 콘텐츠를 우선적으로 추천하는 시스템에서 나아가 크리에이터들의 성장을 가시적으로 나아가 플랫폼 바깥에서 대중적으로 홍보할 수 있는 방안을 탐색할 필요성이 느껴지는 지점이다.

플랫폼의 상대적 폐쇄성도 확장에는 부정적 요소로 작용하게 된다. 인스타그램, 페이스북 등 현실의 정체성을 기반으로 하는 플랫폼들은 현실의 네트워크를 플랫폼 안으로 들여와 작동함으로써 이용자들을 연쇄적으로 확보하는 커뮤니티 확장 전략을 활용한 바 있다. 하지만 제페토 이용자들의 정체성은 플랫폼 외부와는 독립된 채로 꾸려지기에 플랫폼 바깥으로의 공유/확산이 어려운 제약을 갖고 있다.

물론 제페토가 아바타를 통해 제공하는 익명성은 10대 이용자들이 신상 공개에 수반되는 위험에서 벗어나 제페토 안에서의 소셜 네트워크 활동을 할 수 있는 장치이기도 하다. 현실에서 불가능한 공간에 방문하고, 가상 경험을 통해 익명성이 보장하는 즐거움을 누리는 것이다. 제페토 내부의 피드에 월드에서 촬영한 '셀카'나 '인증샷'을 게시하고, 명품 브랜드의 의상을 구입해 스타일링한 모습을 공유하고, 현실에서 만나기 어려운 K팝 아티스트와 만남을 플랫폼 속 친구들과 나누는 것은 플랫폼의 폐쇄성에서 오는 안락함이 가능하게 하는 즐거움이기도 하다.

기존의 이용자들이 누리는 플랫폼 내의 자유를 해치지 않으면서도, 구성 요소asset 판매와 그 밖의 간접적 창작 활동을 통해서 크리에이터로서 성장할 수 있는 플랫폼임을 증명해 내야 하는 것이 제페토가 지속 가능한 크리에이터 생태계 확장을 위해 해결해야 하는 과제로 남아 있다.

4. 메타버스 플랫폼과 문화적 다양성

앞서 살펴본 것처럼 제페토는 새로운 방식으로 서사를 경험할 수 있는 공간이자, 한국발 초국적 플랫폼이라는 특성을 갖고 있으며, 제페토가 제공하는 경험은 소셜 미디어적 특성과 게임적 요소 등이 복합적으로 결합된 새로운 형태의 서사 경험이라고 할 수 있다. 한류 혹은 문화적 다양성의 차원에서 제페토의 특성을 논의하기 위해서는 이 같은 다층적인 플랫폼적 특성을 고려할 필요가 있다.

한편, 임종수와 선지원(2022)은 텔레비전으로 대표되는 송출 채널이라는 물리적 네트워크와 강하게 결부된 전자 미디어와 콘텐츠가 분리decoupling되어 구축된 새로운 서비스 영역이 구축되고 있다는 것이 오늘날 미디어의 현주소라고 말했다. 또한 이른바 방송과 통신의 융합이 전개되면서 복합적 성격의 플랫폼 혹은 채널들이 등장하면서 그 안에 미학적이고 창작적인 동영상 서비스와 소통을 위해 개개인이 참여하는 서비스가 혼재되고 있음을 주목할 필요가 있다고 주장하였다. 이 관점에서 제페토는 3D 컴퓨터그래픽을 매개로 하는 실시간 소통을 제공하는 서비스이자, 동시에 크리에이터들의 심미적 노동이 만들어 낸 콘텐츠들을 체험할 수 있는 서사적 공간이다. 제페토와 문화적 다양성에 관해서는 실시간 소통이라는 측면과, 크리에이터가 만들어 낸 재현물을 소비하는 공간으로서의 측면을 분리해서 논의할 필요가 있다.

3D 아바타가 제공하는 탈인종적 소통 환경

이용자와 메타버스 플랫폼의 관계는 '제페토 월드' 공간을 매개로 이루어진다. 영상 콘텐츠나 웹툰 등의 문화 콘텐츠를 매개로 하는 플랫폼에서 완결성 있는 형태의 상품이 거래된다면 제페토는 이용자들에게 다양한 공간과 오브젝트를 활용한 일련의 경험을 제공한다. 무엇보다 이용자의 취향을 반영할 수 있는 자유도를 폭넓게 제공하는 3D 아바타가 이용자 간 상호 작용을 매개한다는 점을 주목할 필요가 있다.

제페토는 한국발 초국적 플랫폼으로서 전 세계 이용자들이 접속하여 실시간으로 각자의 언어로 소통할 수 있는 환경을 제공하며, 이때의 소통은 3D 아바타를 매개로 하여 이루어지기 때문에, 자신의 인종이나 신체적 조건을 공개하지 않은 채로 일종의 탈국적적, 혹은 탈인종적 소통이 가능하다는 특징을 갖는다.

제페토는 이용자의 페르소나로 활용되는 아바타를 만드

는 데, 피부색이나, 체형 등을 자유롭게 선택할 수 있다. 서구에서 유래한 로블록스나 마인크래프트가 사실적인 묘사보다는 단순화된 인체를 묘사하는 것을 기초로 한다면 제페토는 헤어 스타일이나 얼굴, 키, 메이크업 등을 구체적으로 치장할 수 있는 기능을 제공한다. 이때 아바타를 치장하는 데 활용되는 요소 역시 크리에이터들이 커스텀 디자인으로 제작해서 파는 주요한 아이템에 해당한다.

이용자들은 음성 혹은 텍스트뿐 아니라 아바타를 활용한 모션을 활용한 비언어적 커뮤니케이션을 할 수 있으며, 로컬 서버에서 같은 국가의 이용자들과 소통할 수도, 글로벌 서버에서 다른 국가의 이용자들과 소통하는 것을 선택할 수 있다. 이때 3D 아바타는 자신이 원하는 인종적 특성을 연출할 수 있는 도구가 되기도 하며, 많은 이용자는 기존의 스테레오타입화된 인종적 특성을 택일하기보다는 비현실적인 외양이나 신체 조건을 선택함으로써 일종의 탈인종적 신체를 연출한 채로 다른 이용자와의 상호 작용을 하게 된다. 3D 아바타라는 매개체를 자유롭게 커스텀할 수 있다는 조건이 이용자들에게 탈인종적 페르소나를 채택한 채로 이용자와 소통할 수 있는 일종의 문화적 익명성을 제공한다고 볼 수 있다.

메타버스에서도 로컬 크리에이터가 중요하다

사실적인 표현을 강화한 디자인 양식을 제공하는 제페토에 있어 다국적 크리에이터들이 직접 자신이 생활하는 문화권에서 유래하는 공간을 만들 수 있는 플랫폼 환경은 전 세계에 위치한 이용자들이 현실감을 느낄 수 있는 요소를 제공할 수 있는 바탕이 된다. 창작자의 경험에서 유래하는 현실 공간을 복제함으로써 콘텐츠의 다양성을 확보하는 것이다.

다시 말해, 제페토의 경험은 '맵'에 의해 내용이나 방식이 결정되는데, 이것을 결정하는 과정은 톱다운 형식으로 이루어지는 것이 아닌, 전 세계에 위치한 이용자 주도하에 보텀업 방식으로 이루어진다. 이처럼 각자의 사회문화적 배경과 취향에 따라서 초국적 크리에이터들이 플랫폼 내에서의 경험을 만들어 감으로써 참여를 통해 메타버스 공간의 다양성을 확보하는 것이 가능한 구조임을 알 수 있다. 이는 지역별 이용자들의 경험을 매개할 수 있는 일종의 로컬라이제이션 효과를 가져온다.

이는 초국적 OTT 플랫폼으로써 넷플릭스가 구사했던 다양성 전략을 연상시킨다. 넷플릭스와 같은 초국적 플랫폼은 지속 가능성을 확보하기 위해 콘텐츠 내/외적인 부분에서 각기 노력을 기울이고 있다. 첫 번째는, 콘텐츠 결과물에 드러나는 재현상의 문제이고, 두 번째는, 콘텐츠를 만드는 과정에서 제작 프로덕션에서 다양성을 확보하는 것이다. 이 같은 움직임은 넷플릭스가 스트리밍 플랫폼으로서 결국 다수 이용자의 요구에 부응해야 하는 책무를 갖고 있기 때문이다. 전 세계 곳곳에 위치한 시청자들의 다양한 계급, 정체성, 사회문화적 요구에 대해서 응답하기 위해서는 수용자들이 스크린 안에서 '나의 이야기'를 발견할 수 있어야 하기 때문이다. 이렇게 '다양성'이라는 가치는 전 세계의 다양한 시청자들의 요구에 응답해야 한다는 사업적인 요구와도 맞닿아 있다. 제페토 역시 글로벌 플랫폼으로서 이러한 요구에 적극적으로 대응하고 있는 것이다.

예를 들어, 실존하는 관광 명소를 가상 환경 안에 사실적으로 만들어 내는 방식의, 이용자가 직접 만들어 내는 스토리 경험 공간들은 일종의 현실의 연장, 혹은 미러 월드로서의 가상 공간 구현의 맥락을 가진다. 자신들의 실재에 기반한 월드 만들기는 학교, 도시 광경 등 현실에 근거한 가상 공간에서의 상호 작용을 유도한다.

초국적 다양성에 있어서 제페토가 보여 주는 중요한 장점은 재현/생산 주체의 다양성을 확보함으로써 문화적 재현의 다양성 확보가 가능해진다는 점이다. 사용자 주도로 생성되는 월드들이 로컬 문화를 초국적으로 가시화할 수 있는 것이다. 물론 이러한 재현의 방식에 대해서 문화적 전유cultural appropriation와 같은 또 다른 쟁점과 연결될 우려가 없는 것은 아니다. 그럼에도 가상 공간에서의 다양한 문화적 요소들을 구현해 나가는 것이 가능하다는 점 자체는 흥미로운 요소다. 가상 공간은 미래의 다양한 문화 교류와 경험의 주요한 경로가 될 수 있다는 점에서 향후 메타버스 기반의 크리에이터 플랫폼의 문화적 역할에 대해 더 깊은 논의를 요한다.

다만, 3D 컴퓨터그래픽으로 구현한 가상 세계와 현실 세계 간의 경계가 모호해지는 상황에서 남은 과제는 있다. 현실의 대중문화에 대해 오랫동안 지적되어 온 혐오 표현이나 차별적 묘사 등이 온라인상에서 재생산될 수 있는 우려도 있다. 미성년자의 이용률이 높은 메타버스 플랫폼의 특성상 가상 세계 안에서의 아바타 성추행이나 그루밍 성범죄 등의 위험에 대한 우려도 높아졌다.[7]

중요한 것은 실질적으로 이 같은 원칙이 원활하게 작동

7 이러한 다양한 위험으로부터 이용자를 보호하고 안전한 메타버스 환경을 조성하기 위해 제페토는 '안전자문위원회'를 2022년 발족했고(《조선비즈》, 2022. 11. 29), 이용자의 올바른 이용을 위한 커뮤니티 가이드라인도 제시하고 있다. 구체적으로는 ▲폭력적이고 불쾌한 콘텐츠, ▲자살, 자해 및 위험행위, ▲폭력행위 및 조직, ▲증오행동, ▲불법활동 및 규제대상 물품 및 서비스, ▲희롱 및 괴롭힘, ▲노출 및 성적행동, ▲사칭 및 사기 행위 등이 금지되며, ▲미성년자 보호, ▲지적재산권 보호, ▲저작권자의 권리를 보호할 것이 강제되고 있다(출처: 제페토 고객센터 커뮤니티 가이드라인, https://support.zepeto.me/hc/ko/articles/8915616594841-커뮤니티-가이드라인-2022-05-23)

될 수 있도록 지속적으로 이를 이용자들에게 공유하고, 구체적인 지침을 제공함으로써 문화적 공감대를 형성하는 일이다. 특히나 청소년이나 아동 이용자가 많은 플랫폼 특성상, 온라인에서 발생할 수 있는 혐오나 폭력적 상황에 대해서 각 가정과 사회가 경각심을 가지고 현실에서 적용할 수 있는 원칙을 만들어 가야 할 것이다.

6장

로컬 플랫폼 글로벌화의 문화적 가치

앞선 장에서 플랫폼 한류의 개념과 로컬 플랫폼이 갖는 고유한 특성, 그리고 웹툰과 팬 플랫폼 메타버스 등 구체적인 문화 영역에서의 플랫폼의 특성과 관련 쟁점 등을 검토했다. 이를 통해 기존의 플랫폼 논의가 글로벌 플랫폼의 영향력 확대와 기술적 특성에 기초한 개념적 접근이 중심이 되었다는 점을 지적하고, 로컬 플랫폼이 글로벌 시장에 진출하는 과정에서 나타날 가능성과 쟁점을 사례로 플랫폼 논의의 지형에 새로운 논점을 제기하고자 했다.

그동안 얘기되었던 플랫폼들이 만들어 내는 변화의 특징이라는 것은 결국 창작, 유통, 소비 측면에서 일반적으로 창작은 대중화되고, 유통은 글로벌화되고 소비는 현지화된다라는 정도로 정리는 해 볼 수 있다. 그러나 이를 각각의 국면으로 나누어 보면 보다 복합적인 다이내믹을 발견할 수 있다. 즉 우리가 이야기하는 플랫폼은 도대체 어떤 플랫폼이고, 어느 위치에 있는가? 이런 질문을 던져보아야 한다.

이 장에서는 먼저 '플랫폼의 분화'라는 관점, 기존의 글로벌 플랫폼 관련 논의가 가진 논의의 특성과 한계를 검토한다. 이어서 플랫폼의 해외 진출이 만들어 내는 현상을 한국 플랫폼의 글로벌화 사례를 중심으로 살펴본다. 마지막으로 문화다양성 관점에서 로컬 플랫폼의 글로벌화 논의를 정리하고, 이를 통해 플랫폼 한류의 미래를 준비하기 위한 노력의 방향을 제시하고자 한다.

1. 플랫폼은 단일하지 않다

먼저 글로벌 플랫폼에 대한 논쟁 중 플랫폼의 독점적 영향력에 대한 논의로부터 출발할 필요가 있다. 플랫폼과 관련된 논의의 가장 대표적인 흐름은 이러하다. 플랫폼은 기본적으로 양면 시장을 형성하며, 네트워크 효과로 인해 영향력 측면에서 우위를 가진 플랫폼이 시장에서 일종의 록인lock-in 효과를 만들어 내며 점차 독점적 지위를 획득하게 된다는 것이다. 이러한 관점에서, 자본의 측면에서도 우위를 갖는 글로벌 플랫폼의 영향력 확대는 각 지역에서 위협적인 상황을 만들어 낼 수 있다. 이러한 논의는 주요 빅테크 기업이 중심이 되는 글로벌 플랫폼에 대한 규제와 같은 정책에 대한 정당성의 근거로 활용되곤 한다.

문제는 글로벌 빅테크 주도의 플랫폼 영향력과 로컬 플랫폼의 해외 진출이 만들어 내는 효과가 동일할 것인가라는 문제다. 앞선 논의에서 로컬 플랫폼은 해당 지역의 산업적, 기술적, 사회적 맥락 속에서 고유한 구성적 특성을 발전시키며, 특정한 영역에서의 세분화된 플랫폼 서비스의 위치를 찾기 위한 틈새(시장)를 찾아내며 발전해 왔다는 점을 확인할 수 있었다. 비록 플랫폼 자체는 일반적으로 네트워크 효과에 기초한 '독과점'을 만들어 내는 경향이 있지만, 다수의 플랫폼은 플랫폼에서 유통되는 콘텐츠의 양식mode 측면에서의 분화를 통해 자신만의 위치를 찾기 위한 노력을 이어나가며 생태계의 복합성을 더하고 있다. 즉 플랫폼에서 다루는 미디어와 커뮤니케이션의 요소, 즉 양식의 측면에서는 분화가 나타나고, 각각의 플랫폼은 분화된 양식 안에서의 독점을 추구하며, 이렇게 분화한 플랫폼 간에 경쟁이 나타나게 된다(박대민·명승은, 2018).

동영상 플랫폼, 즉 OTT의 사례에서 이러한 '분화'의 과정을 잘 확인할 수 있다. 한국 OTT 시장에서는 글로벌 OTT 플랫폼의 영향력 확대와 더불어 보다 세분화된 취향을 타깃으로 삼는 서비스의 분화가 나타나고 있다. 국내에서 서비스 중인 OTT 사례로는 중화권 등 아시아 콘텐츠에 특화된 MOA, 애니메이션 전문 서비스인 라프텔Laftel, BL 콘텐츠에 특화된 헤븐리heavenly 등을 들 수 있다. 이들은 주로 PC 웹과 모바일을 중심으로 서비스하면서 특화된 장르의 팬덤을 대상으로 시장을 형성하고 있다는 점을 특징으로 한다.

글로벌 시장에서도 이러한 흐름은 찾아볼 수 있다. 소니가 인수하면서 주목을 받은 애니메이션 전문 OTT 크런치롤Crunchyroll이 대표적이다. 크런치롤은 한국의 웹툰인 《나 혼자만 레벨업》의 애니메이션에 투자하면서 특히 관심을 모은 바 있다. OTT를 통한 콘텐츠 이용이 활발해지면서 15세 이상의 연령대에서 애니메이션 소비가 확대되고, 이들을 타깃으로 하는 특화 OTT와 이들의 제작 투자가 확대되는 흐름이 나타나고 있다. 이른바 '버티컬 전략'을 취하는 다양한 OTT 서비스의 등장으로 OTT 플랫폼 시장에서의 '분화'가 나타나는 것이다.

이러한 OTT의 분화는 앞으로 다양한 영역에서 플랫폼의 등장 가능성을 시사한다. 먼저 다양한 규모의 OTT 사업자가 존재하는 새로운 생태계가 구성될 가능성이다. OTT 시장 경쟁이 격화되면서 소수의 사업자 중심의 과점 시장이 형성될 수 있을 거란 전망도 있지만, 이들 사업자들만으로는 만족하기 어려운 틈새시장이 존재할 수 있음을 이들 버티컬 OTT가 보여 주는 것이다.

이는 동시에 앞으로의 콘텐츠 확장에 있어서 다양한 국

가에서 등장하는 버티컬 OTT들을 적절히 활용할 필요가 있음을 보여 준다. 때로는 이러한 버티컬 OTT들을 통해서 시장에 존재하는 강력한 취향 집단의 존재를 파악하고, 이들을 바탕으로 전략적인 콘텐츠 전략을 시도해 볼 수도 있다. OTT 시장에서 콘텐츠 장르의 분화와 타깃 세분화 전략은 아직 더 정교화될 필요와 가능성이 있다는 점을 버티컬 OTT의 분화가 보여 주는 것이다.

이러한 분화의 관점에서 앞서 검토한 플랫폼들을 다시 살펴보자. 웹툰은 디지털 만화란 양식에서의 독점을 향해 경쟁하며 성장하고 있다. 동영상과 텍스트와 관련해선 유튜브, 페이스북 등 글로벌 플랫폼의 영향력이 크게 형성되어 있지만, 그림과 텍스트가 결합된 서사로서의 웹툰 영역은 아직 독점적 지위를 가진 플랫폼이 성장하지 못한 상황이라 기회가 열려 있는 것이다. 위버스와 같은 팬 플랫폼은 팬과 아티스트의 커뮤니케이션 자체를 상품화하는 전략을 통해 기존의 일반적인 소셜 커뮤니케이션에서 분화된 팬 커뮤니케이션의 영역을 발굴하고 영역으로 삼는다. 여기에 더하여 서사 기반의 영상 플랫폼의 포화 속에서 공연과 아티스트의 일상 등을 소재로 한 영상 분야에서의 틈새를 발굴하며 확장하고 있다. 제페토와 같은 메타버스 플랫폼은 3D 기반의 경험 공간에서 아바타 간의 상호 작용과 소셜 미디어의 타임라인 등을 결합한 양식을 발굴하여 플랫폼의 핵심으로 삼는다.

이러한 분화는 기존의 플랫폼들이 영향력을 발휘하지 못한 틈새로서, 아직 더 발굴되고 형성될 가능성의 공간을 찾아 나가는 과정이라 할 수 있다.

여기에 더하여, 이러한 문화 자체가 해당 플랫폼이 지역적, 문화적 맥락을 담아내고 있다. 웹툰 플랫폼은 급격히 위축된 종이 만화 생태계와 포털이란 새로운 디지털 기업의 주목 경쟁이란 맥락을, 팬 플랫폼은 K팝 커뮤니티의 비공식 소통을 상품화하려는 엔터테인먼트 기업의 전략과 K팝과 한국 팬덤이 결합하며 만들어 낸 독특한 팬덤 문화의 맥락을, 메타버스 플랫폼은 게임과 유사한 3D 경험 공간과 소셜 미디어의 문화가 결합된 서비스의 세대적 맥락을 반영하고 있다.

플랫폼의 해외 진출은 이런 점에서, 양식의 분화 정도의 지역적 차이로 인해 나타나는 현상이기도 하다. 특정 지역에서는 시장의 포화로 인해 양식 내에서의 치열한 경쟁이 일어나지만, 지역을 옮기는 순간 이러한 분화가 충분치 않은 단계를 활용하여 보다 독점적인 시장 형성의 기회를 얻을 수 있는 것이다.

이러한 현상은 이미 커뮤니케이션 플랫폼의 글로벌화 과정에서 확인한 바 있다. 한국에선 카카오톡이, 일본에선 라인과 같은 플랫폼이 현재의 위치를 차지할 수 있었던 것은 이러한 분화의 시차와 네트워크 효과의 결합이 만들어 내는 복합성을 잘 보여 주는 사례인 것이다.

플랫폼은 네트워크 효과와 독점화 경향이란 본질적 특성이 새로운 틈새를 열고자 하는 사업자의 노력과 지역의 복합적 맥락과 결합하며 분화와 현지화, 적응과 진화의 과정을 지속적으로 경험하는 양상을 보여 준다는 점을 알 수 있다. 이는 플랫폼의 글로벌화 논의에 있어서 어떠한 양식으로 분화했는지와, 이러한 분화된 플랫폼의 쓸모를 특정 지역에서 증명하고 시장을 열어가는 과정의 구체적 특성을 함께 고려해야 한다는 점을 의미한다.

2. 플랫폼은 생태계의 질서를 지닌 채 국경을 넘는다

글로벌 시장에서 특정한 영역을 중심으로 플랫폼의 '분화'를 특히 한국의 기업이 열어간다는 점에 대해 우리는 어떤 접근을 해야 할까? 다양한 플랫폼이 존재하고, 이들이 각자의 전략으로 분화의 과정을 전개한다는 점을 고려할 때, 한국의 플랫폼이 세계로 나아가는 과정이 갖는 의미에 대해서도 다시 한번 검토해 볼 필요가 있다.

플랫폼이 양식에 따라 분화되는 것은 시장 내에서의 경쟁 속에서 나타나는 결과이기도 하지만, 이러한 분화의 방식이 형성될 수 있는 해당 시장의 고유한 속성과의 상호 작용의 결과이기도 하다. 또한 이렇게 형성된 플랫폼의 특성은 이러한 분화가 충분히 이루어져 있지 않았던 지역에서 새로운 분화와 형성, 재구성의 과정을 만들어 낸다.

주목해야 할 점은 플랫폼이 해외로 진출할 때, 분명 현지화 과정에서 현지 특성에 맞는 조정이 이루어지지만, 이러한 분화 자체가 탄생하게 된 산업 생태계의 맥락적 요소가 함께 확산될 수 있다는 것이다. 특정한 플랫폼은 자기 고유의 생태계를 구성하며, 이 질서를 둘러싼 동의와 갈등은 지역과 산업의 맥락에 따라 달라질 수 있다.

예를 들어 생산 플랫폼의 경우, 생산 단계 어느 국면에서 이용자와 생산자를 다시 연결하고 산업을 재구성한다. 게임 산업에서의 '상용 엔진'은 일종의 생산 플랫폼으로서 '제작의 민주화'를 표방하며 다양한 인디 창작자가 성장하는 계기를 만들어 냈다. 유니티는 이러한 흐름을 선도한 대표적 플랫폼이다. 인디 창작자한테는 큰 비용을 받지 않고 게임 창작에 도움을 주는 방식으로 성장을 해왔는데, 이들이 갑자기 과금 체계를 바꾸겠다고 선언을 하면서 인디 창작자가 엄청난 반발을 한 사례가 있다. 이는 상용 게임 엔진이란 생산 플랫폼이 특정 국면에서는 인디 게임 산업이라고 하는 새로운 창작자 집단을 만들어 낸 효과가 있었지만, 그 플랫폼이 성숙한 이 시점에서는 또 다른 역동을 만들어 낼 수 있다는 것을 잘 보여 준다.

국내에서도 플랫폼이 만들어 내는 역동적 변화를 보다 다양한 측면에서 발견하려는 시도가 나타나고 있다. 예를 들어, 한국의 창작자가 넷플릭스로의 진입을 희망하며 플랫폼이 제공하는 '자유'를 강조하는 새로운 '플랫폼 아비투스'를 형성하고 있다는 논의가 대표적이다(김아영, 2023).[8] 해당 논의는 넷플릭스라는 서비스도 한국에서 자리 잡는 과정에서 기술 자체의 효과만이 아니라 한국의 창작자들이 기존의 방송사와 맺고 있던 관계의 속성을 재구성하는 방식으로 한국형 플랫폼으로 자리 잡았다는 점을 지적하고 있다(김아영, 2023). 이러한 사례와 논의들은 플랫폼이 한 지역을 중심으로 고유한 특성을 형성하고, 글로벌 시장으로 진출하는 과정에서 나타나는 복합성을 검토해야 한다는 점을 잘 보여 준다.

한국의 플랫폼이 해외로 진출하면 어떤 일이 벌어질까? 전통적인 '한류'가 콘텐츠 자체의 진출이라면, 최근에는 플랫폼 자체가 해외에 진출하고 현지화를 통해 글로벌 서비스

8 김아영(2023)은 넷플릭스의 한국 진출 이후 국내 방송 영상 제작자들이 넷플릭스를 옹호하며 국가의 불필요한 규제 축소를 주장하는 방식의 태도 변화를 '플랫폼 아비투스' 개념으로 설명한다. 한국의 방송인들이 기존 방송의 공공성 중심의 접근에서 벗어나서, 자유로운 여피 정신을 강조하며 하이테크 기업가의 역할을 강조하는 '캘리포니안 이데올로기'를 적극적으로 수용하는 모습을 보이고 있다는 것이다.

로서 확장하는 사례가 나타나고 있다. 분명 이러한 한국 플랫폼의 해외 진출이 K콘텐츠가 가진 경쟁력에 기초해서 이루어진다는 점은 중요한 특징이 될 수 있을 것이다. 국내 웹툰 플랫폼도 한국의 인기 콘텐츠의 해외 정식 서비스란 측면을 현지에서의 프로모션 요소로 활용하고 있고, 팬 플랫폼의 경우 K팝 아티스트의 영향력을 적극적으로 활용하기 때문이다.

그럼에도 이들 한국 플랫폼이 현지에서 자리 잡으려면 단순히 국내 콘텐츠 유통만으로는 한계가 있다. 넷플릭스와 같은 글로벌 OTT 플랫폼도 적극적인 현지 콘텐츠 발굴과 제작을 함으로써 지금의 위상을 확보할 수 있었다. 유튜브는 물론 페이스북 등 다양한 글로벌 플랫폼 기업들은 현지에서 창작자와 이용자의 선택을 받기 위해 치열한 현지화의 노력을 이어간다. 이는 한국의 플랫폼이 글로벌로 나아가는 순간에도 동일하게 겪을 수밖에 없는 과정이다.

다만, 이러한 현지화의 과정, 그리고 현지 창작자와 이용자의 선택을 받는 과정은 현지의 맥락에 따라 달라질 수밖에 없다. 웹툰의 경우, 미국에서는 《로어 올림푸스》라는 작품이 아이즈너상을 받는 그 큰 성과를 거둔 바 있다. 이러한 성과의 근간에는 DC코믹스와 마블코믹스라는 양대 산맥으로 과점화된 미국의 만화 시장 맥락을 고려해야 한다. 미국의 창작자 입장에서는 히어로 중심으로 과점화된 만화 시장에서 디지털 만화 플랫폼인 웹툰 서비스를 통해 창작자가 새롭게 이용자를 만날 기회가 생긴 것이다. 미국에서는 이런 점에서, 웹툰 플랫폼의 진출은 이용자의 연령과 취향, 창작자의 성향 등의 요소에서 일종의 대안적 창작 기반으로서의 위치를 차지할 수 있다.

태국과 같은 아시아 지역으로 시선을 올리면 또 다른 장면이 나타난다. 국내 웹툰 플랫폼들은 태국 등 아시아 지역에서 (웹툰이란 형식 자체의 가능성을 보여 주기 위해서) 현지의 창작자가 데뷔하고 수익을 거둘 기회를 열어 준다. 다만 이들 지역에서는 만화 시장이 미국과 일본 등의 해외 만화 중심으로 오랫동안 유지되어 왔다. 이 때문에 현지의 작품 자체에 주목하려면 정책적, 정치적 측면에서 역할이 필요하다. 다른 한편으로는 아직 만화 창작의 저변이 취약한 시장 특성상 디지털 만화를 통한 스토리텔링 생태계부터 구성해 내야 하는 역할이 기업에 주어질 수밖에 없다.

그럼에도 이러한 웹툰 플랫폼의 해외 진출은 플랫폼을 통한 새로운 창작자의 등장을 가능하게 한다는 점에서 문화다양성에 유의미하게 기여할 수 있다. 스토리 창작 기반이 없던 곳에서는 창작 기반을 만들어 내고, 그 기반이 있음에도 시장의 구조 때문에 다양성이 위축되어 있던 곳에서는 새로운 유통의 기회를 만들어 낸다. 한국의 플랫폼이 글로벌로 진출하는 과정에서 창작자의 확장, 콘텐츠의 다변화, 지역에 특화된 스토리텔링을 탄생시키는 변화를 만들어 가는 것이다.

이상의 논의는 플랫폼이 분화하고 맥락화하는 것처럼, 플랫폼에 대한 연구 역시 보다 분화하고, 맥락화될 필요가 있음을 보여 준다. 로컬 플랫폼의 글로벌화가 가져오는 이중성에 주목하고, 이를 바탕으로 플랫폼화와 같은 논의의 심층성을 더하는 노력이 필요하다.

이런 질문을 던져볼 수 있다. 한국에서 넷플릭스가 지금의 위상을 갖게 된 데에는 플랫폼 자체의 특성도 중요했지만, 기존의 방송사와 제작사 간의 갈등 관계라는 산업 생태계 고유의 맥락이 결합하며, 이를 정당화하는 '플랫폼 아비투스'의 형성과 적용의 영향력 역시 중요했다. 그렇다면 한국의 플랫폼이 글로벌로 진출하는 과정에선 어떠한 '플랫폼 아비투스'가 작용하고, 형성될 수 있을까? 한국에서의 해당 양식 고유의 산업 질서의 논리가 해외로 확장되었을 때 어떤 충돌과 갈등이 나타날 수 있을까? 그러한 충돌은 다시 플랫폼 자체의 성격에 되먹임feedback 효과를 가져올 수 있을까?

이러한 질문들에 대한 답은 아직 열려 있다. 한국 플랫폼의 글로벌 진출은 아직 시작 단계이며, 자본의 한계와 해당 양식이 미분화된 지역에서 틈새를 찾기 어려우므로 영향력이 압도적이라 보긴 어렵다. 그런데도 한국 플랫폼의 글로벌화는 한국의 산업 질서와 생태계 특성이란 요소가 개별 지역의 고유한 맥락과 만나고 상호 작용하는 과정에서의 복합적 효과의 결과로 새로운 플랫폼의 미래를 열어갈 것이다.

플랫폼은 창작자, 이용자, 사업자의 관계를 연결하고 구조화하는 방식의 차이를 갖고 있으며, 플랫폼의 성장은 기존의 미디어, 산업, 노동, 아티스트 등의 관계 전반에 영향을 주며 변화를 가져온다. 플랫폼화는 무엇보다 문화-산업 내에서 여러 관계의 방식에 영향을 주는데, 창작자와 이용자의 관계, 창작자와 유통사의 관계, 창작-요소 간의 관계, 이용자와 이용자의 관계 전반에 변화를 가져온다.

한류라는 현상 자체가 기존에 물리적으로 연계되어 있거나 명시적 거래 관계 속에서만 교류 가능했던 것이 플랫폼을 통해 익명적으로 — 단기간의 접속을 통해 — 글로벌 범위에서 교류할 수 있는 변화를 통해 가능했다는 점에 주목해야 한다. 한국 콘텐츠의 글로벌 유통이 글로벌 플랫폼을 통해 확산되었다면, 한국의 플랫폼을 통해 반대의 사례도 나타날 수 있다. 플랫폼은 특정 지역의 창작 생태계의 취약성이란 문제를 해결하며, 새로운 도약을 보여 주는 지역 문화의 성장을 가능하게 할 수도 있다.

이러한 산업 생태계와 질서의 재구성이란 관점에서 한국 플랫폼의 글로벌화를 바라본다면, 결국 기존의 글로벌 문화산업 질서의 변동이란 관점에서 한국 플랫폼의 기여에 대해서도 논의해 볼 필요가 있다. 한국의 콘텐츠가 글로벌 플랫폼과 만나면서 새로운 확장의 기회를 만나고, 이러한 변화가 아시아 콘텐츠에 대한 주목이란 문화적 흐름을 가져온 것처럼, 한국 플랫폼의 글로벌화 역시 특정 지역에서 새로운 창작과 새로운 창작-유통-소비의 연결을 가능하게 하면서 기존에 없던 문화적 가능성을 열어 줄 수 있다. 이는 플랫폼이 문화다양성을 위축시키는 것이 아니라, 오히려 문화다양성에 기여할 수 있음을 의미한다.

3. 문화다양성의 관점에서 본 플랫폼 해외 진출

다양성, 특히 문화다양성에 관한 논의는 플랫폼 논의에 있어서 중요한 쟁점이 된다. 글로벌 플랫폼은 한류의 성장이라는 관점에서는 기존 서구 중심 영상 문화의 지배 구조에 균열을 가져왔다. 그 결과 글로벌 미디어 스케이프, 즉 미디어 풍경에서 다양성을 더하는 역할을 했다. 다른 한편으로는 알고리즘이 지속적으로 유사한 콘텐츠를 추천하게 되면서, '필터버블filter bubble'과 같은 보다 다양한 이견과 취향에 노출될 수 있는 기회가 줄어든 이용자를 만들어 낼 수 있다는 비판론 역시 존재한다.

다만 이러한 논의에서 다양성의 층위 문제를 지적하지 않을 수 없다. 생산의 다양성, 창작의 민주화라는 관점에서 플랫폼은 분명 기존의 산업 질서에선 불가능했던 개인 단위의 창작을 가능하게 하고, 지역의 한계를 넘어서는 수용자와의 접점을 통한 시장의 확장과 콘텐츠 창작의 확장성을 가능하게 한다. 반면 이용의 측면에선 기존 매스 미디어의 사실상 강제된 소비의 한계를 벗어난 개인의 자율성의 공간을 알고리즘과 같은 기계적인 추천의 특성으로 인해 편향된 소비의 가능성도 확대된다. 이러한 소비의 기제는 개인 입장에서는 다양성의 축소로 이어질 수 있으나, 다른 한편에선 보다 분화된 전문적 이용자의 등장을 통한 새로운 틈새시장 형성으로 인한 심화된 수용자의 다양성을 열어 주게 된다.

글로벌 플랫폼 일반으로 볼 때에도 문화다양성 문제는 층위와 맥락에 따라 다른 논의가 가능하다. 그럼에도 플랫폼이 일반적으로 열어 주는 특성 중 하나인, 확장된 분업과 개인 창작자의 역량 강화라는 부분의 가능성을 '양식의 분화'와 연결해서 검토해 볼 필요가 있을 것이다. 플랫폼은 창작의 단계별로 분업을 서비스의 형태로 받을 수 있게 해 주며, 이를 통해 기존에 기업화된 형태에서만 가능했던 창작을 개인 단위에서도 이어갈 가능성을 열어 준다. 그리고 로컬 플랫폼은 기존의 문화 생태계에선 충분히 형성되지 않은 시장을 새로운 분화를 통해 열어 준다. 이를 통해 기존에 문화 시장으로 존재하지 않았던 지역에서, 새로운 창작자가 성장하고, 새로운 이야기와 문화 콘텐츠가 세상에 존재할 수 있게 된다.

물론 이러한 변화의 흐름에는 시기적, 지역적 맥락이 중요하게 작용한다. 다수의 플랫폼이 서비스 초기에 새로운 창작자가 등장할 기회를 주는 단계를 거친다. 양면 시장의 분화된 양식에서 숙련된 창작자가 충분치 않다면 이용자 시장도 열기 어렵기 때문에, 창작자에 대한 인센티브를 적극적으로 부여하는 측면이 있다. 유튜브도 초기에 1인 미디어 창작자의 등장을 가능하게 했고, 지금 한국 플랫폼들도 글로벌 시장 진출 과정에서 이러한 노력을 이어가고 있다.

이런 점에서 플랫폼은 진출 초기 단계에 해당 지역의 기존 산업 생태계의 문제를 풀어 나가면서, 문화 생산 유통의 취약성이나 획일성 등을 개선하는 역할을 하게 된다. 이러한 흐름이 결과적으로 전 세계적인 문화 생산과 소비 지형에 변화를 가져올 것이다. 이 부분에서 한국 플랫폼의 글로벌화를 다층적 맥락에서 시기별로 살펴보는 노력도 필요하다.

플랫폼과 문화다양성의 관계를 살펴볼 수 있게 하는 사례로 영상 콘텐츠 산업 분야에서 아시아 콘텐츠의 부상을 꼽을 수 있다. 넷플릭스와 같은 글로벌 영상 콘텐츠 플랫폼의 영향력 확대는 전통적으로 자국의 콘텐츠를 주로 소비했던 지역에서 다양한 국가의 콘텐츠에 대한 관심을 확대하는 기회가 되었다. 특히 아시아 지역에서의 영향력을 키우고자 했던 글로벌 OTT 플랫폼들은 한국을 비롯한 아시아 국가에서의 현지화된 제작을 시도했다. 한국이 얻은 글로벌 영상 한류의 기회도 이러한 플랫폼의 움직임과 무관하지 않다.

현지화된 제작의 확대와 로컬 콘텐츠의 글로벌 유통의 확대는 콘텐츠를 바라보는 관점을 다양하게 확장하는 계기가 되었다. 〈기생충〉과 〈미나리〉, 〈성난 사람들*BEEF*〉과 같은 아시아 계열의 작품들이 영화 시장에서도 좋은 평가를 받은 배경에는 기존의 문화산업에 만연했던 서구 중심주의와 획일성에 대한 반성이 있었다. 보다 다양한 콘텐츠가 필요하다라는 목소리가 커지는 가운데 문화적 대안으로서 한국의 영상 콘텐츠가 주목을 받은 것이다. 반면, 이러한 다양한 시선의 증가는 우리의 한계 역시 드러내게도 했다. 예상보다 훨씬 넓은 범위의 시청자를 만나게 되면서, 한국 콘텐츠에 인종과 문화에 대한 편견이 드러나고, 이에 거센 비판을 받기도 했다.

이런 점에서 K드라마는 점차 문화다양성 측면에서 보다 진일보한 태도를 요구받고 있다. 현지 문화에 대한 사려 깊지 못한 표현이나, 특정 국가나 인종에 대해 편견을 담은 장면, 다른 문화권의 상징과 표현을 충분한 이해 없이 가져다 쓰는 문화적 전유에 대한 논란 등이 대표적이다. 한국 문화에 관심을 기울이는 글로벌 대중이 바로 이러한 문화다양성의 쟁점을 진지하게 고민하는 집단이란 점을 고려한다면, 이러한 비판의 목소리에 보다 적극적으로 귀를 기울이고 이를 개선하기 위해 시급히 노력해야 한다.

전 세계의 사람들이 다양한 국가의 콘텐츠를 자유롭게 즐기는 환경에서 콘텐츠 및 플랫폼 기업에 문화다양성은 이제 피하기 어려운 숙제다. 여기에 대응하기 위해선 다양한 문화를 가진 이용자의 필요와 관심, 금기와 역린을 이해해야 한다. 또한 다양성은 창의성이 탄생할 수 있는 가장 중요한 토양이기도 하다. 문화다양성을 고민하는 과정을 통해 이전에는 생각해 보지 못했던 관점을 만날 수 있고, 이러한 충돌은 더 좋은 창작으로 이어지는 중요한 자원이 될 수 있다.

한류와 문화다양성의 관계를 정당하게 평가하려면, 한류를 한국 콘텐츠의 일방적 확산이 아니라, 한국이란 지역의 콘텐츠가 글로벌로 소비될 수 있는 변화 자체가 수용자의 변화를 상징적으로 드러내는 '수용 현상'으로서 이해하는 관점이 필요하다. 이는 변화를 요구하는 글로벌 수용자의 '선택'을 포함하는 과정이며, 한국의 콘텐츠가 담지하는 복합적인 맥락, 즉 어떤 생산의 방식, 유통의 방식 전반을 포함하는 것이다. 이런 점에서 콘텐츠 한류를 넘어서, 플랫폼 한류가 가능하다면, 그것 역시 한국의 플랫폼이 담아내는 새로운 창작의 가능성, 새로운 소통의 가능성, 새로운 스토리리빙의 가능성 등에 대한 '수용'의 단계로의 진화를 기대하게 하는 변화일 것이다.

4. 미래의 플랫폼 한류의 가능성을 탐색하며

이제 마지막으로, '플랫폼 한류'란 단어로 다시 돌아가 보자. 1장에서 보다 확장된 방식의 한류를 탐색하기 위한 전략으로서 '플랫폼 한류' 개념을 검토한 바 있다. 한류라는 개념을 무한정으로 확장하는 것이 갖는 한계를 인정하면서도, 이 개념을 통해 한국의 플랫폼이 글로벌 시장에 진출하면서 나타나는 주요 특성들을 포착해 낼 수 있다는 점에 주목하고자 했다. 한국의 플랫폼은 한국적 요소를 직접적이고 가시적으로 내포하고 있지는 않더라도, 글로벌 시장에서 자리 잡는 과정에서 고유의 '상징의 생산 체계'의 특성을 해외의 이용자와 교류하며 확산, 혹은 조율해 간다. 이러한 '한국 플랫폼의 해외 진출'이 한국과 세계가 관계 맺는 새로운 방식이란 점에서, '한류'라는 개념을 빌려 여러 가능성을 탐색해 볼 수 있다.

문화연구자들은 한류가 '수용 현상'이란 관점이 필요함을 강조한다(홍석경, 2021). 디지털 기술이 바꾸어 놓은 미디어 지형에서 마련된 초국적 문화 소비 환경 속에 한국의 대중문화를 해외의 팬덤이 '수용하면서' 나타난 현상으로 한류를 보아야 한다는 것이다. '수용'의 관점으로 한류를 바라본다면, 실제 어떤 '수용'의 현상들이 나타나고 있는지에 주목해야 하며, 기존의 '콘텐츠'의 수용을 넘어서, '플랫폼'을 포함한 다양한 요소들의 '수용'에 주목해야 한다.

예를 들어, 한국의 웹툰은 점점 더 많은 글로벌 팬덤을 확보하기 시작했다. 국내 사업자들이 플랫폼 서비스를 직접 현지 진출하는 방식으로 사업이 전개되고 있고, 그 과정에서 '웹툰'이란 콘텐츠의 창작-유통의 양식 자체가 새로운 표준으로 확산되고 있다. 이때 '수용'이란 단순히 콘텐츠 자체의 이용으로 한정할 수 없는 것이다.

문화를 특정한 방식으로 생산하고 소비하는 방법론 자체에 대한 광범위한 수용으로 본다면, 앞으로 나타나는 한류의 양상은 지금 우리의 인식과는 조금 더 다른 방식으로 나타날 수도 있다. 한국이 만든 '틀'을 활용하지만, 서로 다른 국가의 창작자와 팬덤이 연결되는 방식의 흐름이 나타날 때, 즉 '한국 없는 한류' 현상이 확산될 수 있을 것이다. '플랫폼 한류'는 바로 이러한 새로운 국면의 한류를 가장 최전선에서 형성해 나가는 사례라 할 수 있다.

한국 플랫폼의 해외 진출은 그 자체로 세상의 모든 문제를 해결하거나, 기존의 플랫폼이 만들어 낸 다양한 한계들을 즉각적으로 극복하게 하는 것은 아니다. 때론 한국이란 특수한 맥락에서 형성된 독특성들이 진출 지역의 취약성과 결합할 가능성도 배제할 수 없다. 그런데도 한국의 미디어와 콘텐츠 산업의 발전 과정의 흐름은 한국의 문화를 담은 콘텐츠의 확장을 넘어서, 우리가 고민하고 만들어 온 새로운 양식과 이와 연결된 문화 생산과 유통의 방식 자체의 확장을 향해 나아가고 있다. 플랫폼이란 디지털 기술이 만들어 낸 새로운 관계 형성의 방식이 가진 고유의 한계를 인정하면서도, 이들이 만들어 낸 긍정적 효과의 가능성에 주목하고, 이러한 가능성의 극대화를 위한 노력의 방향을 모색하는 것도 중요한 일일 것이다.

한류라는 현상, 플랫폼화라는 현상은 모두 양면성을 갖는다. 글로벌 문화 생산의 위계적 구조 속에서 역방향의 유통을 가능하게 하며 문화적 종다양성 측면의 새로운 미래의 가능성을 여는 것이 한류의 밝은 면이라면, 그 이면에는 여전히 지배와 확장에 대한 욕망도 존재하는 것이 현실이다. 그럼에도 불구하고 한류를 이러한 편협한 지배의 서사로부터 떼어내고, 문화적 다양성의 확장을 위한 수단으로서의 위치와 역할을 인식하고, 이를 위한 노력의 방향을 모색하는 것이야말로 한류의 밝은 면을 가시화하고 현실화하는 작업일 것이다. 이 장은 플랫폼, 한류, 문화다양성이라는 키워드를 바탕으로, 한국 플랫폼의 글로벌화라는 새로운 국면의 의미를 검토했다. 아직 로컬 플랫폼의 글로벌화는 시작 단계이므로, 이 서사는 여전히 열린 결말로 남아 있다. 이 책의 논의들이 이 서사의 보다 건강한 결말을 향한 전개에 조금이나마 기여할 수 있길 바란다.

참고 문헌

강병준 · 류현정 (2008). 《구글 VS 네이버: 검색대전쟁》. 전자신문사.

강신규 (2018). 〈방송의 게임화 연구〉. 서강대학교 일반대학원 신문방송학과 박사 학위 논문.

강신규 (2019). "게임화하는 방송: 생산자적 텍스트에서 플레이어적 텍스트로," 〈한국언론학보〉, 63(3), 145~195, 10.20879/kjjcs.2019.63.3.005

강신규 (2022). "커뮤니케이션을 소비하는 팬덤: 아이돌 팬 플랫폼과 팬덤의 재구성," 〈한국언론학보〉, 66권 5호, 5~56.

강우민 (2014. 3. 25). "네이버 라인의 성공비결은 "로컬처럼 일한다,"" 〈Business Post〉. URL: https://www.businesspost.co.kr/BP?command=print&idxno=972

강은경 (2023. 5. 16). ""팬덤 장사 도 넘었다" 하이브의 소통 플랫폼 '위버스' 신규 멤버십에 팬들 뿔난 까닭," 〈비즈한국〉.

권승태 (2023). "미학적 관점에서 본 네이버와 구글의 시각 정체성: 웹사이트를 중심으로," 〈미술문화연구〉, 25호, 115~136.

권준경 · 강누리 · 김승인 (2013). "국내 애플리케이션 모바일 음악 서비스 사용성 평가 연구," 〈디지털디자인학연구〉, 13(1), 193~202.

김대원 · 김도경 · 이홍규 · 김성철 (2015). "네이버 지배 구조에 대한 사례 연구," 〈한국방송학보〉, 29(1), 5~34.

김규찬 · 이상규 외 (2021). 〈콘텐츠 지식재산(IP)과 가치사슬 변화 연구〉.

한국문화관광연구원.
김상민 (2016). 《디지털 자기기록의 문화와 기술》. 커뮤니케이션북스.
김상민 (2022). “포털에서 메가플랫폼으로,” 〈언론과사회〉, 30(1), 252~275.
김성현 (2022. 4. 13). “네이버 “5년 내 글로벌 이용자 10억, 매출 15조 목표,”” 〈ZDNET Korea〉. URL: https://zdnet.co.kr/view/?no=20220413112103
김수철 · 이현지 (2019). “문화산업에서의 플랫폼화: 웹툰산업을 중심으로,” 〈문화와 사회〉, 27(3), 95~142.
김숙 · 황동미 · 장민지 (2023). 〈영화산업의 가치사슬과 구조 변화〉. 영화진흥위원회.
김은성 (2023. 1. 12). “엔씨 팬덤 플랫폼 유니버스, SM엔터 디어유에 판다,” 〈경향신문〉.
김재훈 (2023. 5. 12). “커지는 웹툰 시장…… 웹툰 스튜디오 영향력도 커진다,” 〈굿모닝경제〉. http://www.goodkyung.com/news/articleView.html?idxno=207262
김종우 (2022. 6. 7). “네이버의 ‘멤버십’ 집중 전략 계속된다…… 누적 사용자 800만 돌파,” 〈부산일보〉. URL: https://www.busan.com/view/busan/view.php?code=20 220607143811998O4
김중태 (2006). “구글과 네이버는 어떻게 다른가?” 〈월간말〉, 246, 214~219.
김환표 (2013). “라인으로 글로벌 포털을 꿈꾼다: 네이버 의장 이해진,” 〈인물과사상〉, 186, 122~141.
김희경 (2015). 《트랜스미디어 콘텐츠의 세계》. 커뮤니케이션북스.
〈뉴시스〉 (2022. 4. 13). 최수연이 그린 네이버 글로벌3.0: “아마존, 구글과 어깨 나란히 하겠다,” https://mobile.newsis.com/view.html?ar_id=NISX20220413_000183170 5#_PA
〈동아일보〉 (2024. 1. 8). “K편의점 글로벌 확산… GS25-CU 해외점포 나란히 500개 돌파.” https://bizn.donga.com/3/all/20240107/122938921/1
마에지마 사토시前島賢 (2014). 《セカイ系とは何か》. [김현아 · 주재명 옮김. 《세카이계란 무엇인가》. 워크라이프. 2016].
〈매일경제〉 (2025. 1. 10). ““한국 드라마에 나온 과자 먹어볼래”… 해외서도 잘나가는 K편의점” https://www.mk.co.kr/news/business/11215204

문화체육관광부 (2023. 3. 10). "'한국 하면 K-콘텐츠' 인식 더 강해져 — '2023 해외 한류 실태조사' 결과 발표, K-콘텐츠 소비 비중 1위는 웹툰 —." 보도자료.

박대민·명승은 (2018). 〈미디어 블록체인, 플랫폼리스의 기술〉. 한국언론진흥재단.

박선호 (2022). "미디어의 디지털화로 인한 이용자 이용 행태의 변화가 가져온 또 다른 경쟁 관계에 대한 연구: 정보 검색 플랫폼으로서의 네이버(Naver)와 구글(Google), 유튜브(Youtube) 적소분석을 중심으로," 〈방송통신연구〉, 118, 38~74.

박인하 (2022). "웹툰의 등장과 변별적 특성," 박인하·성인수·이재민·조경숙. 《웹툰 입문》. 커뮤니케이션북스.

박준식 (2023. 11. 13). "한국 웹툰, 글로벌 디지털 콘텐츠 시장 성장 견인." KtN. https://www.k-trendynews.com/news/articleView.html?idxno=160784

박지민·안상현 (2023. 12. 5). "만화 같은 일이… K웹툰, 글로벌 플랫폼 톱5 휩쓸어," 〈조선일보〉. https://www.chosun.com/economy/tech_it/2023/12/05/CXP3GKSV VF FL5DSVUKZM4QFOJU/

박철순·이준만·하송 (2007). "인터넷 포털산업의 재편: 네이버의 전략적 혁신," 〈Korea Business Review〉, 10(2), 107~129.

박효·백혜진·정구현 (2014). "라인, 네이버의 글로벌 플랫폼," 〈Korea Business Review〉, 18(3), 99~124.

배한님 (2023. 4. 17). "SM 아티스트, 위버스 합류… 카카오-하이브 플랫폼 첫 협력," 〈머니투데이〉.

백종성 (2022). "메타버스 환경에서 시도되는 웹툰 IP 전략 연구: 네이버 '제페토'를 중심으로," 〈만화애니메이션 연구〉, 69, 223~241.

서민음 (2023. 8. 31). "[책으로 만난 사람] 日 사로잡은 K웹툰… 일본은 2차원, 한국은 3차원," 〈아시아경제〉. https://www.asiae.co.kr/article/2023083009092861037

서승욱 (2015. 9. 8). "새누리, 포털이 뉴스 유통 왜곡 … 기사 고르고 제목 바꿔." 〈중앙일보〉. URL: https://www.joongang.co.kr/article/18612928#home

서희원 (2023. 5. 3). "디어유 버블, 영상콘텐츠·커뮤니티·커머스 기능 추가로 본격 경쟁 예고," 〈전자신문〉.

설진아 (2011). "대학생 집단의 인터넷 포털 사이트에 대한 수용자 평가 연구: 네이버와 구글을 중심으로," 〈언론과학연구〉, 11권 1호, 157~186.

신윤재 (2022. 8. 22). ""한국은 무서운 라이벌"… '만화왕국' 日 접수한 韓 웹툰, 인기 비결은?" 〈매일경제〉. https://golf.mk.co.kr/view.php?sc=&year=2022&no=741952

신윤희 (2022). "코로나19 이후의 팬덤," 류진희 등. 《페미돌로지》(300~329). 빨간소금.

아즈마 히로키東浩紀 (2007). 《ゲーム的リアリズムの誕生: 動物化するポストモダン 2》. [장이지 옮김. 《게임적 리얼리즘의 탄생: 동물화하는 포스트모던 2》. 현실문화연구. 2012].

안상현 (2023. 12. 5). "'만화 종주국' 日도 장악한 K웹툰, 현지화 집념 통했다," 〈조선일보〉. https://www.chosun.com/economy/tech_it/2023/12/05/MUCY77UKXV BZHCKDHIBZOYA6CU/

양경욱 (2020). "플랫폼 경제와 문화산업: 만화산업의 플랫폼화와 웹툰 작가의 자유/무료노동," 〈노동정책연구〉, 20(3), 79~106.

양지훈 외 (2021). 〈웹툰산업 해외진출 진흥 방안 연구〉. 한국문화관광연구원.

엄지용 (2022. 4. 22). "네이버가 '버티컬 커머스'에 꽂힌 이유," 〈커넥터스〉. https://brunch.co.kr/@sclplus/252

오경미 (2022). "웹툰 플랫폼과 문화예술 노동," 서울과학기술대학교 IT정책전문대학원 학술대회 '플랫폼 경제와 노동, 과연 공정한가?' 발제문. https://www.opennet.or.kr/22373

오쓰카 에이지大塚英志 (2016). 《感情化する社會》. [선정우 옮김. 《감정화하는 사회》. 리시올. 2020].

우노 츠네히로宇野常寬 (2018). 《若い讀者のためのサブカルチャ-論講義錄》. [주재명 · 김현아 옮김. 《젊은 독자들을 위한 서브컬처론 강의록》. 워크라이프. 2018].

우주은 (2022. 11. 23). "팬덤 플랫폼 팬(FFAN) 출시, 다양한 분야 아티스트 한데 모은다," 〈문화뉴스〉.

원용진 · 박서연 (2021). 《메가플랫폼 네이버: 한국 인터넷 산업의 성장과 그늘》.

컬처룩.

원용진 (2012). "한류정책과 연성국가주의," 〈관훈저널〉, 123호, 46~52.

유안타증권 (2021. 1. 5). "웹툰 Next Korean Wave," 유안타증권 Sector Report.

유지현 (2022). 〈포털의 경제적 이해가 뉴스검색결과에 미치는 영향: 네이버와 다음의 '버닝썬' 사건 뉴스배열 비교 분석〉. 연세대학교 커뮤니케이션대학원 석사 학위 논문.

윤정근 · 임일 (2009). "한국의 대표 인터넷 기업 NHN" (2008). 〈연세경영연구〉, 46(1). 93~118.

윤정향 · 윤자영 · 최혜영 · 윤자호 (2020). 〈디지털 콘텐츠 창작노동자들의 노동실태와 보호방안〉. 전국여성노동조합.

윤정향 · 윤자영 · 최혜영 · 윤자호 (2021). "웹툰 산업 디지털콘텐츠 창작노동자 노동과정: 원하청 구조와 성차별: 웹툰 작가를 중심으로," 〈산업노동연구〉, 27(3), 399~436.

윤호영 · 진보래 (2023). "공문을 보내면 네이버는 검색 알고리즘을 바꾸는가?: 알고리즘 책무성 관련 증거 기반 논의," 〈커뮤니케이션 이론〉, 19(2), 55~105.

이광석 (2017). "자본주의 종착역으로서 '플랫폼 자본주의'에 관한 비판적 소묘," 〈문화과학〉, 92호, 18~47.

이근형 (2023. 11. 9). "네이버웹툰 '작가홈' 월 240만명 쓴다," 〈한국경제〉. https://www.hankyung.com/article/2023110938645

이나연 (2023. 3. 24). "카카오 제친 네이버, 웹툰 · 웹소설로 매출 '1조'…… 日 라인 망가 급성장," 〈디지털데일리〉. https://www.ddaily.co.kr/page/view/2023032410005 348100

이노우에 아키토井上明人 (2012). *Gamification*. [이용택 옮김. 《게임 경제학》. 스펙트럼북스. 2012].

이동연 (2011). "아이돌 팝이란 무엇인가 — 징후적 독해," 이동연 엮음. 《아이돌》 (14~48). 이매진.

이미지 · 백유진 · 류민호· 이종태 · 김은혜 (2018). "O2O 플랫폼의 환경에서의 온라인상에서의 우산효과(Umbrella effect): 네이버 온라인 쇼핑을 중심으로," 〈정보사회와 미디어〉, 19(1) 47~72.

이상규 · 이성민 외 (2020). 〈콘텐츠 산업 트렌드 2025〉. 한국문화관광연구원.

이상규 (2023). "웹툰 플랫폼 생태계의 형성과 진화, 그리고 글로벌화," 2023 한국언론학회 가을철 정기학술대회 발표문.

이서영 · 권상집 (2022). "엔터테인먼트 산업의 플랫폼 리더십 경쟁: 네이버와 카카오 사례를 중심으로," 〈한국엔터테인먼트산업학회논문지〉, 16(3), 1~11.

이와부치 고이치岩渕功一 (2001). 《トランスナショナル · ジャパン》. [히라타 유키에 · 전오경 옮김. 《아시아를 잇는 대중문화》. 또하나의문화. 2004].

이은정 (2022. 2. 25). "창작자 · 플랫폼 참여 웹툰 상생협의체 출범……"불공정 관행 개선"," 〈연합뉴스〉. https://www.yna.co.kr/view/AKR20220225160400005

이장우 · 김희천 · 김동재 (2015). "극한적 불확실성 환경에서의 기업경영: 네이버 사례연구," 〈Korea Business Review〉, 19(3), 151~171.

이재민 (2022a)." 웹툰 IP와 글로벌 확장," 박인하 · 성인수 · 이재민 · 조경숙 (2022). 《웹툰 입문》. 커뮤니케이션북스.

이재민 (2022b). "웹툰 일인칭 서사의 특성," 박인하 · 성인수 · 이재민 · 조경숙 (2022) 《웹툰 입문》. 커뮤니케이션북스.

이지혜 (2023. 2. 6). "위버스, 하이브-네이버 IT혈맹에 기업가치 상승 '탄력,'" 〈더벨〉.

임수연 (2023. 7. 27). "팬덤 플랫폼은 어떤 방식으로 K콘텐츠의 힘과 함께 성장하는가," 〈씨네21〉, 1416호.

임종수 · 선지원 (2022). "인터넷 모델의 기원과 플랫폼 정보 서비스 규제 프레임 연구: OTT 제도화에 대하여," 〈방송통신연구〉(2022년 특집호), 123~156.

장정훈 (2007). 《네이버 스토리》. KEWRUN.

장지현 (2022). ""항상 함께할 거예요"의 이면," 류진희 등. 《페미돌로지》(170~196). 빨간소금.

〈전자신문〉 (2022. 7. 20). "웹툰 글로벌 공략법… 네이버 '현지화 vs 카카오' K-콘텐츠'."

정두용 (2023. 5. 8). "빠르게 성장한 웹툰 시장…무너지는 네이버 · 카카오 '상생 생태계,'" 〈이코노미스트〉. https://economist.co.kr/article/view/

ecn202305040016
정두용 (2023. 9. 13). “K-콘텐츠 ‘3번째 물결’ 만든 네이버웹툰… 성공 비결은 단연 ‘상생’.” 〈이코노미스트〉. https://economist.co.kr/article/view/ecn202309130059
정연승 (2022). “네이버의 글로벌 경영 사례 연구: 기술을 통한 세계 정복을 꿈꾸는 네이버,” 〈Korea Business Review〉, 26(1), 83~100.
조경숙 (2022). “웹툰의 장르 중심 소비,” 박인하 · 성인수 · 이재민 · 조경숙 (2022). 《웹툰 입문》. 커뮤니케이션북스.
〈조선비즈〉 (2022. 11. 29), “네이버제트, 안전자문위원회 발족… “다양성 정책 강화 등 제페토 자문””
조수용 (2009). “네이버 그린윈도우와 경험디자인.” IDCC Proceeding, 73~89.
최유진 (2022. 10. 22). “한국 ‘웹툰’ 세계 디지털 만화 시장 석권할 수 있었던 이유,” 〈디지털비즈온〉. https://www.digitalbizon.com/news/articleView.html?idxno=2330887
최은수 (2022. 12. 30). “네이버 V라이브 품은 ‘위버스,’ 팬덤 플랫폼 공룡될까,” 〈뉴시스〉.
최은수 (2023. 7. 6). “네이버웹툰 글로벌 진출 9주년…77%가 해외독자,” 〈뉴시스〉. https://mobile.newsis.com/view.html?ar_id=NISX20230706_0002367146
최은수 (2023. 5. 3). “네이버와 한지붕 하이브 ‘위버스,’ 팬덤 플랫폼 독주,” 〈뉴시스〉.
최인이 (2020). “창작물 유통 플랫폼의 노동통제 방식에 관한 연구: 유료 웹툰 플랫폼의 사례를 중심으로,” 〈산업노동연구〉, 26(2), 45~76.
하이브 (2023. 8. 8). 〈HYBE - 2Q FY2023 Business Result〉.
한국콘텐츠진흥원 (2022). 〈미국 22–03호 인터넷 시대 제3의 물결, 크리에이터 이코노미〉.
한국콘텐츠진흥원 (2024. 1a). 〈2023 웹툰 사업체 실태조사〉.
한국콘텐츠진흥원 (2024. 1b). 〈2023 웹툰 작가 실태조사〉.
한선 (2010). 네이버의 포털 시장 내 구조 변화와 사회적 함의. 〈한국언론학보〉, 54(1), 107~127.

한정훈 (2022). "완성도를 높여가는 웹 3.0 엔터테인먼트 비즈니스 모델: '커뮤니티'와 '새로운 경험'," 〈Media Issue & Trend〉, 52, 102~119.

한창완 (2017). "스토리와 팬덤에 혁신적 사업 모델까지! 웹툰, 주류 대중문화로 도약하다," 〈동아비즈니스리뷰〉, 236호. https://dbr.donga.com/article/view/total/article_no/8368

한창완 (2021). 《웹툰 비즈니스 딜레마》. 커뮤니케이션북스.

홍난지 (2021). "만화에서 웹툰으로," 〈한류NOW〉 2021년 7+8월호, 한국국제문화교류진흥원.

홍석경 (2021). "BTS와 Netflix 이후의 한류," 제37차 세종국가리더십포럼 발표문.

황규락 (2024. 5. 16). "왜 그러나 했더니… 라인, 메신저 넘어 일본 사회 인프라였다," 〈조선일보〉. https://www.chosun.com/economy/tech_it/2024/05/16/B2JPLEQJFVHO7PO4HPSZQFEH2A/

황병서 (2021. 3. 23). "잇단 빅딜로 글로벌 투자 행보: 기술 · 시너지 영토확장 나선 네이버," 〈디지털타임스〉. https://m.dt.co.kr/contents.html?article_no=2021032402101031054001

Ballon, P., & van Heesvelde, E. (2011), ICT Platforms and Regulatory Concerns in Europe. *Telecommunications Policy*, 35(8), 702~714.

Bodle, R. (2010). Assessing Social Network Sites as International platforms. *Journal of International Communication*, 16(2), 9~24.

Bucher, T. (2012) Want to be on the top? Algorithmic power and the threat of invisibility on Facebook. *New Media & Society*, 14(7), 1164~1180.

Caplan, R., & Boyd, D. (2018). Isomorphism through algorithms: institutional dependencies in the case of Facebook. *Big Data & Society*, 5(1), 2053951718757253.

Cavicchi, D. (1998). *Tramps like us: Music and meaning among springsteen fans.* Oxford University Pres

Choi, J., Kim, B. J., & Yoon, S. (2014). UX and strategic management: a case study of smartphone (Apple vs. Samsung) and search engine (Google vs. Naver)

Industry. In HCI in Business: First International Conference, HCIB 2014, Held as Part of HCI International 2014, Heraklion, Crete, Greece, June 22-27, 2014. Proceedings 1 (703~710). Springer International Publishing.

Cunningham, S., & Craig, D. (2019). Creator governance in social media entertainment. *Social Media+Society*, 5(4), 2056305119883428

Duffy, B. E., Poell, T., & Nieborg, D. B. (2019). Platform practices in the cultural industries: creativity, labor, and citizenship. *Social Media+Society*, 5(4). 2056305119879672

Eco, U. (1985). Innovation and Repetition: Between Modern and Post-Modern Aesthetics. *Daedalus*, 114(4), 161~184. http://www.jstor.org/stable/20025015

Frasca, G. (1999). Ludology meets narratology: Similitude and differences between (video) games and narrative. Ludology.org. Retrieved from http://www.ludology.org/articles/ludology. html

Gillespie, T. (2010). The politics of platforms. *New Media and Society*, 12(3), 347~364.

Hands, J. (2013). Platform communism. *Culture Machine*, 14, 1~24.

Hesmondhalgh, D., Jones, E., & Rauh, A. (2019). SoundCloud and Bandcamp as alternative music platforms. *Social Media+Society*, 5(4). 2056305119883429

Jenkins, H. (1992). *Textual poachers*. Routledge.

Jenkins, H. (2006). *Convergence Culture: Where Old and New Media Collide*. NYU Press. http://www.jstor.org/stable/j.ctt9qffwr

Jin, D. Y. (2017). Rise of platform imperialism in the networked Korean society: a critical analysis of the corporate sphere. *Asiascape: Digital Asia*, 4(3), 209~232.

Jin, D. Y. (2023). Understanding Korean Webtoon Culture. Harvard University Asia Center.

Johnson, M. R., & Woodcock, J. (2019). "And today's top donator is": how live streamers on Twitch. tv monetize and gamify their broadcasts. *Social Media+Society*, 5(4), 2056305119881694.

Kim, J. H., & Yu, J. (2019). Platformizing webtoons: The impact on creative and digital labor in South Korea. *Social Media+Society*, 5(4), 2056305119880174.

Lin, J., & de Kloet, J. (2019). Platformization of the unlikely creative class: Kuaishou and Chinese digital cultural production. *Social Media+Society*, 5(4), 2056305119883430.

Nam, K. K., Ackerman, M. S., & Adamic, L. A. (2009, April). Questions in, knowledge in? A study of Naver's question answering community. In Proceedings of the SIGCHI conference on human factors in computing systems (779~788).

Napoli, P., & Caplan, R. (2017). Why media companies insist they're not media companies, why they're wrong, and why it matters. *First Monday*, 22(5-1), https://doi.org/10.5210/fm.v22i5.7051

Nieborg, D. B. & Poell, T. (2018). The platformization of cultural production: Theorizing the contingent cultural commodity. *New Media & Society*, 20(11), 1~18.

Nieborg, D. B., & Poell, T. (2018). The platformization of cultural production: theorizing the contingent cultural commodity, *New Media & Society*, 20(11), 4275~4292.

O'Meara, V. (2019). Weapons of the chic: Instagram influencer engagement pods as practices of resistance to Instagram platform labor. *Social Media + Society*, 5(4). https://doi-org.libproxy.pknu.ac.kr/10.1177/2056305119879671

Park, S., Jo, H., & Kim, T. (2023). Platformization in local cultural production: Korean platform companies and the K-pop industry. *International Journal of Communication*, 17(2023), 2422~2443.

Petre, C., Duffy, B. E., & Hund, E. (2019). "Gaming the System": platform paternalism and the politics of algorithmic visibility. *Social Media + Society*, 5(4). https://doi-org.libproxy.pknu.ac.kr/10.1177/2056305119879995

Pyo, Y., Jang, M., & Yoon, T. (2019). Dynamics between agents in the new webtoon ecosystem in Korea: responses to waves of transmedia and transnationalism,

International Journal of Communication 13, 2161~2178.

Ross, F. (2011). *The art of immersion: How the Digital Generation Is Remaking Hollywood, Madison Avenue, and the Way We Tell Stories.* [최완규 옮김. 《콘텐츠의 미래》. 책읽는수요일. 2011].

Shim, A., Yecies, B., Ren, X., & Wang, D. (2020). Cultural intermediation and the basis of trust among webtoon and webnovel communities. Information, *Communication & Society*, 23(6), 833~848.

Skyquest (2022. 11). Global Webtoons Market Size, Share, Growth Analysis, By Product(Subscription Based, Advertisement Based), By Genre(Action, Sci-fi), By Devices(Mobiles, Tablets) - Industry Forecast 2023~2030. https://www.skyquestt.com/report/webtoons-market

Steinberg, M. (2017). Converging contents and platforms: Niconico video and Japan's media mix ecology. In: Joshua Neves & Bhaskar Sarkar (eds.). *Asian Video Cultures: In the Penumbra of the Global* (91~113), Duke University Press, Durham.

Steinberg, M. (2020). LINE as super app: platformization in East Asia. *Social Media + Society*, 6(2), 2056305120933285.

Sullivan, J. L. (2019). The platforms of podcasting: past and present. *Social Media + Society*, 5(4). https://doi-org.libproxy.pknu.ac.kr/10.1177/2056305119880002

van Dijck, J. (2009). Users like you? Theorizing agency in user-generated content. *Media, Culture & Society*, 31(1), 41~58.

van Dijck, J. (2013). *The culture of connectivity: A critical history of social media*. New York: Oxford University Press.

리슨Lysn 홈페이지 (http://www.lysn.com).

위버스Weverse 홈페이지 (https://www.weverse.io).

유니버스Universe 홈페이지 (https://universe-official.io).